लौहपुरुष
सरदार वल्लभभाई पटेल

इस सिरीज की अन्य पुस्तकें—

❒ महर्षि दयानन्द	**इन्द्र विद्यावाचस्पति**
❒ स्वामी विवेकानन्द	**सन्तराम वत्स्य**
❒ रामकृष्ण परमहंस	**सन्तराम वत्स्य**
❒ स्वामी रामतीर्थ	**सन्तराम वत्स्य**

लौहपुरुष
सरदार वल्लभभाई पटेल

राजवीर प्रसाद

सुबोध पब्लिकेशन्स

ISBN : 978-81-7078-129-5

मूल्य : 100.00 P 473

प्रकाशक : सुबोध पब्लिकेशन्स, 2/3-बी, अंसारी रोड, दरियागंज, नई दिल्ली-110002
प्रथम संस्करण : 2017 **शब्द-संयोजक :** प्रतिभा प्रिंटर्स, शाहदरा, दिल्ली-110032
आवरण : एम० 2 डब्ल्यु० मीडिया **मुद्रक :** जयमाया ऑफसेट, शाहदरा, दिल्ली-110095
 दूरभाष : 011-23278858, E-mail : subodhbooks@yahoo. co. in
LAUHPURUSH SARDAR VALLABHBHAI PATEL by Rajveer Prasad

भूमिका

भारत में अंग्रेजी राज्य के दिन थे। भारतवासी स्वतन्त्र होने के लिए छटपटा रहे थे। अंग्रेजी सरकार के बड़े अधिकारी इस सोने की चिड़िया पर अपने हाथ की पकड़ और भी मजबूत करते जा रहे थे। जो भी भारतीय नेता जनता के हितों को लेकर आगे बढ़ता था, उसे सरकार सर, राय बहादुर, राय साहब, खाँ बहादुर, खाँ साहब, सरदार बहादुर, सरदार साहब आदि पद का लालच देकर अपने पक्ष की ओर खींच लेती थी।

बम्बई (अब मुम्बई) प्रेजीडेन्सी के गवर्नर सर रोजर लुम्ले ने भी एक व्यक्ति को फाँसने के लिए जाल बिछाया था। गवर्नर ने उसे बड़े आदर के साथ अपने यहाँ बुलवाया था। उसने आना स्वीकार कर लिया था।

वह दस बजे आने वाला था और साढ़े नौ बज चुके थे। गवर्नर के हृदय की धड़कन बढ़ती जा रही थी, क्योंकि उसने सुन रखा था कि इस आदमी से आँखें मिलाकर देखने की सबमें हिम्मत नहीं। गवर्नर घबरा रहा था कि न जाने क्या होगा। उधर वायसराय की कड़ी हिदायत थी कि इस आदमी को अवश्य फाँसना है और यह हाथ में आ गया तो हिन्दुस्तान की आजादी की लड़ाई समझो कुचल दी गई।

गवर्नर अपने राजभवन के मीटिंग रूम में घबराहट से टहलने लगा और उसे एक-एक मिनट एक-एक घंटे के बराबर बीतता प्रतीत हो रहा था।

मीटिंग रूम में लगी दीवारघड़ी ने ठीक दस बजाये, तो पियन ने आकर

गवर्नर के हाथ में एक विजिटिंग कार्ड दिया। गवर्नर की जान में जान आ गई। मुसकराहट उसके चेहरे पर नाच उठी। द्वार तक जाकर वह सम्मान सहित आगन्तुक को भीतर लिवा लाया। फिर उसने आगन्तुक को सोफे पर बिठाया। गवर्नर मुख पर कृत्रिम मुसकान लिए सिर से पाँव तक आगन्तुक को एकटक देखने लगा।

आगन्तुक का सुदृढ़ एवं विशाल शरीर है, कठोर और दमकता मुखमण्डल, दृढ़ जबड़े, विनोद और ललकार से भरी आँखें, जिनमें व्यंग्य का भी पुट है, मुख-मुद्रा से उसकी आन्तरिक शक्ति का पता लगता है। सीने में तूफान की शक्ति है, भुजाएँ फड़कती हुईं, दिल उमंगों के सरूर पर चढ़ा हुआ, खतरे के प्रति स्वाभाविक प्रेम, युद्ध में विजयी जैसा उल्लास—कुल मिलाकर गवर्नर की चतुर आँखों ने देखा कि उसके सामने यह जो आदमी बैठा है—बर्फ से ढका हुआ ज्वालामुखी है। गवर्नर ने देखा—यह एक ऐसा योद्धा है जिसने झुकना नहीं सीखा, यह एक ऐसा सफल सेनापति है जिसमें बुद्धि, विवेक, परिस्थिति अध्ययन विचक्षणता, अधिकतया मौनावलम्बन का स्वभाव और बोलते समय क्रान्ति को जन्म देने वाली वाणी का अद्भुत मिश्रण है।

एक मिनट में ही गवर्नर ने आगन्तुक के बारे में यह सब कुछ सोच लिया और फिर कूट रहस्यमयता से भरी मुसकान पेश करते हुए आगन्तुक के स्वास्थ्य के बारे में पूछा। आगन्तुक ने नपे-तुले शब्दों में उत्तर देकर बातचीत को आरम्भ किया।

गवर्नर सोच-सोचकर और नाप-तोल कर एक-एक शब्द बोल रहा था और आगन्तुक मेघ-गम्भीर घोष-सा करता हुआ—स्पष्ट उत्तर देता जा रहा था और कभी-कभी प्रश्न के उत्तर में प्रतिप्रश्न भी कर देता था। गवर्नर इस व्यक्ति की सांवैधानिक तथा कानूनी जानकारी से चकित-सा होकर अपने मन में सोचने लगा कि अब बात को कहाँ से शुरू करें। फिर उसने मेकियावेलियन शैली में, भारतीय जनता की स्वाधीनता की माँग के प्रति अपनी व्यक्तिगत सहानुभूति प्रकट करते हुए कहा—"योग्य भारतीय व्यक्तियों के हाथों में अधिक से अधिक उत्तरदायित्वपूर्ण पद सौंपने का मेरा निश्चय

है। यदि आप मुझे अनुमति दें तो मैं कहना चाहूँगा कि बम्बई प्रेज़िडेन्सी में आपसे अधिक योग्य व्यक्ति हमें दिखाई नहीं देता आपको हम बम्बई प्रेज़िडेन्सी के प्रीमियर पद पर प्रतिष्ठित देखना चाहते हैं। वायसराय साहब को बहुत प्रसन्नता होगी यदि आप इस पद को स्वीकार कर लें, मुझे आशा है कि आप इनकार नहीं करेंगे, क्योंकि…"

उत्तर में आगन्तुक ने अभी तक एक भी शब्द नहीं कहा था, परन्तु अब उसने तेजस्वी आँखें गवर्नर की आँखों से मिला दीं और उसकी आँखों में व्यंग्य, तिरस्कार और उपहास का पुट भी है–ऐसा गवर्नर को प्रतीत हुआ।

फिर आगन्तुक ने कहा–"हाँ, आगे कहिए।"

गवर्नर के गले में काँटा-सा अटक गया। फिर उसने भीत-चकित दृष्टि से एक बार आगन्तुक की ओर देखकर कहा–"लेकिन…"

"लेकिन?" आगन्तुक ने तीव्र दृष्टि डालते हुए पूछा।

"आप यह स्वीकार कर लें कि बारडोली के जिन किसानों की ज़मीनें सरकार द्वारा ज़ब्त की गई हैं, सरकार उन्हें वापस नहीं करेगी और जिनकी ज़मीनें बेच दी गई हैं, सरकार उन्हें मुआवज़ा नहीं देगी।"

यह सुनते ही आगन्तुक का खून खौल उठा। उसका चेहरा तमतमा उठा। सिंह-गर्जना-सी करते हुए उसने कहा–"मिस्टर लुम्ले, मुझे ब्रिटिश सरकार की दी हुई भिक्षा नहीं चाहिए। मैं बम्बई के प्रीमियर का पद लेने को तैयार नहीं हूँ। यह लिख लो–तुम्हें एक-एक किसान की इंच-इंच ज़मीन वापस करनी पड़ेगी।"

गवर्नर ने देखा–हिम में से ज्वालामुखी प्रकट हो गया है और लावा उगल रहा है।

यह आगन्तुक थे–सरदार वल्लभभाई पटेल!

वल्लभभाई में वह कूट रहस्यमयता नहीं थी, जो एक राजनीतिज्ञ में होती है। हाँ, उनमें वह गम्भीरता और वह प्राणोन्मादकारी भावावेश प्रचुर मात्रा में मौजूद था, जो एक सफल सेनापति के निर्माण के लिए आवश्यक है।

वल्लभभाई पटेल कहा करते थे–"अरे, साँप को क्या अपनी केंचुली उतार फेंकने में कष्ट होता है या कोई मेहनत करनी पड़ती है? इसी तरह हम भी एक दिन पराये शासन की केंचुली उतार फेंकेंगे। उसके लिए श्रम और कष्ट कैसा?

"मुझे लड़ते-लड़ते जो संकट और उलझन पड़ जाए, उसे मैं तड़ाक से सुलझा लूँगा। ऐसी उलझनें सुलझाने की सूझ मुझे कहाँ से मिलती है, मैं नहीं जानता। परन्तु समझौते की ढीली चर्चाओं में मेरा जी नहीं लगता। ऐसी अकर्मण्य चर्चाओं में कितनी ही बार तो मैं गड़बड़ में पड़ जाता हूँ"।

"मेरे साथ कोई खिलवाड़ नहीं कर सकता। मैं ऐसे किसी काम में नहीं पड़ता, जिसमें ख़तरा न हो। जो लोग विपत्तियों को निमंत्रण दें, उनकी सहायता के लिए मैं सदा तत्पर हूँ।"

सरदार वल्लभभाई पटेल एक उदार नेता, विनम्र अनुयायी, सहृदय मित्र, भयंकर शत्रु और दुर्दम्य सेनापति थे। वे रचनात्मक कार्यकर्ता थे। महात्मा गाँधी की अधिकांश योजनाओं को क्रियान्वित करने का बहुत कुछ श्रेय सरदार पटेल को ही जाता है। वे कौटिल्यवत् राजनीतिज्ञ थे। आन्दोलनों, सम्मेलनों और प्रतिनिधि मंडलों की राजनयिक वार्ताओं में उनकी राजनैतिक प्रतिभा की सफलता–इतिहास तथा राजनीति के विद्यार्थियों के लिए गम्भीर अध्ययन का विषय है। उन्होंने भारत को स्वतन्त्र कराने के लिए कठोर परिश्रम किया, स्वतन्त्रता-प्राप्ति के उपरान्त उसे संयुक्त, चट्टान की तरह मजबूत और आत्मरक्षा में समर्थ बनाया। वे स्वतन्त्रता-संग्राम के महान् वीर सेनापति थे, भारत की राष्ट्रीय एकता के महान् शिल्पी थे, शासन तन्त्र के अद्वितीय संचालक थे और देश के लोकप्रिय नेता थे।

सरदार पटेल स्वभाव से ही निर्भय, वीर, दृढ़ संकल्पवान्, उग्र तथा विरोधियों को परास्त करने वाले योद्धा थे। उन्हें 'लौहपुरुष' कहा जाता था, क्योंकि उनकी इच्छाशक्ति 'Iron will' थी। ऊपर से देखने में बर्फ के समान

शान्त थे, इसीलिए मौलाना शौकत अली ने उन्हें 'बर्फ से ढका हुआ ज्वालामुखी' कहा था। वे बोलते कम थे, काम अधिक करते थे। उन्होंने सैकड़ों छोटी-बड़ी देशी रियासतों को मिलाकर भारत को एकसूत्र में बाँध कर अपनी अद्वितीय कार्यकुशलता का परिचय दिया।

प्रथम राष्ट्रपति डॉ. राजेन्द्र प्रसाद के शब्दों में–"सैकड़ों रियासतों को भारत में मिलाने के लिए उन्होंने जो कुछ भी किया, इतने बड़े काम का उदाहरण दुनिया के किसी भी देश के इतिहास में नहीं है।"

निःसन्देह सरदार पटेल कर्मठता और कार्यकुशलता के आदर्श उदाहरण थे। वे आधुनिक भारत के निर्माता थे। शासन को नियम और क्रम में आबद्ध करने की विचक्षणता रखने वाले ऐसे व्यक्ति कम ही मिलते हैं। वह राजनीति में शुचिता को महत्त्व देते थे। कुशल राजनीतिज्ञ होने के साथ-साथ उनमें संगठन एवं कुशल नेतृत्व की अद्‌भुत क्षमता थी। 'पराजय' शब्द उनके कोश में ही नहीं था। दुर्बलता किसे कहते हैं, वे नहीं जानते थे। उत्साह और साहस में वे अप्रतिम थे। वे व्यावहारिक राजनीतिज्ञ और राजनयज्ञ थे। वे झट निर्णय कर लेते थे और अपने निर्णय पर अन्त तक अटल रहते थे। जिस काम को करना होता उसकी सारी तैयारी पहले से ही कर लेते थे। उनके सामने जो भी व्यक्ति आता था, वे उसे सिर से पाँव तक एक नज़र में ही देखकर जान लेते थे कि वह क्या है और उसके दिल में क्या है। किस काम के लिए कौन-सा व्यक्ति सबसे अधिक उपयुक्त है, इसका उन्हें सदा ज्ञान और स्मरण रहता था।

राष्ट्रपति वी॰ वी॰ गिरि उनके विषय में कहते हैं–"इस मितभाषी, अनुशासनप्रिय और कर्मठ व्यक्ति के कठोर ढाँचे में बिस्मार्क जैसी संगठन-कुशलता, कौटिल्य जैसी राजनीतिज्ञता तथा राष्ट्रीय एकता के लिए अब्राहम लिंकन जैसी अटूट निष्ठा समाविष्ट थी। इन गुणों के अद्‌भुत समन्वय से निर्मित सरदार के लौहपुरुषत्व का ही यह परिणाम था कि वे रियासतों के विलीनीकरण, हैदराबाद समस्या का समाधान तथा 1947 में जम्मू-कश्मीर राज्य को आक्रमणकारी सेनाओं के शिकंजे से निकालने का ऐतिहासिक

कार्य कर सके…।"

चन्द्रगुप्त मौर्य के लिए चाणक्य की जो भूमिका थी, वही भूमिका पंडित जवाहरलाल नेहरू के प्रति सरदार पटेल की थी। हमारे जिन महान् नेताओं ने भारत को विश्व के राजनीतिक मानचित्र पर स्थापित किया है, उनमें सरदार पटेल का गौरवपूर्ण स्थान है। सचमुच वे आधुनिक भारत के महान् शिल्पी थे। जिस अदम्य साहस, असीम शक्ति, मानवीय समस्याओं के प्रति व्यावहारिक दृष्टिकोण, निर्भयता और विस्मयकारी सफलता से उन्होंने हमारे नवजात गणराज्य की प्रारम्भिक कठिनाइयों को हल किया, उसके कारण हमारी मातृभूमि के इतिहास में उनका अमिट स्थान बन गया है।"

वल्लभभाई का परिवार बहुत मेहनती था। सभी परिजन कर्मठ थे। वे मेहनत से घबराते नहीं थे। वह घर में कामों में हाथ बँटाते थे। बातों ही बातों में वल्लभभाई के पिता झबेरभाई ने एक दिन उनसे मजाकिया तौर पर कहा, "वल्लभ बेटा, मुझे लगता है कि तुम अपनी क्षमता से भी अधिक मेहनत करते हो।" वल्लभ ने सरलता से उत्तर दिया, "पिताजी, बचपन में ही जब परिश्रम करने की आदत हो जाएगी तो जीवन भर परिश्रमी बना रहूँगा। फिर आप ही तो कहते हैं–परिश्रम का फल मीठा होता है। हम जितना अधिक परिश्रम करेंगे, हमें उतना ही अधिक उसका फल भी तो मिलेगा। जीवन में उतार-चढ़ाव तो आता ही है। ऐसे में परिश्रमी व्यक्ति कभी भी हताश और निराश नहीं होता।"

सरदार पटेल के विषय में पं. जवाहरलाल नेहरू के विचार प्रत्येक भारतवासी के लिए स्मरणीय हैं–

"…मैं सरदार पटेल के प्रति आदर और सम्मान प्रकट करूँगा, न केवल उनकी राष्ट्र के प्रति आजन्म सेवाओं के लिए, बल्कि उन महान् कार्यों के लिए भी जो उन्होंने उस समय से किए हैं, जब से कि वह और मैं भारत सरकार की सेवा में रहे हैं। वे युद्ध और शान्ति के समय हमारी जनता के बहादुर सरदार रहे हैं। जबकि दूसरे डिग जाते थे, वे दृढ़निष्ठ रहे हैं। और वे एक बड़े संगठनकर्ता हैं। इन अनेक वर्षों में उनके साथ काम करने

का मेरा सौभाग्य रहा है। समय के साथ-साथ उनके प्रति मेरा प्रेम और उनके महान् गुणों के प्रति मेरा आदर बढ़ता गया है।...मेरा देशी रियासतों के आन्दोलन से सीधा सम्बन्ध रहा है। पर छह महीना पहले मैं भी यह नहीं कह सकता था—जो आज 130 साल पुरानी सामन्तशाही उखड़ रही है, वह इतनी आसानी से उखड़ जाएगी। मैं समझता हूँ कि एक टेढ़ी और कठिन स्थिति से निबटने के लिए...हम पर मेरे मित्र तथा सहयोगी उपप्रधानमंत्री (सरदार पटेल) का आभार है।''

भावी इतिहासकार सरदार पटेल की अतिमानव संगठन शक्ति तथा क्रियान्विति योग्यता का अध्ययन करके दाँतों तले उँगली दबाए बिना न रहेंगे। क्या यह एक चमत्कार या 'करिश्मा' नहीं था?

सरदार वल्लभभाई पटेल को 1991 में मरणोपरान्त भारत रत्न से सम्मानित किया गया था। 31 अक्टूबर, 2014 को राष्ट्रीय एकता दिवस के रूप में मनाया गया था।

31 अक्टूबर, 2013 को पटेल की 137वीं जयन्ती पर नरेन्द्र मोदी ने गुजरात के नर्मदा जिले में सरदार पटेल के स्मारक का शिलान्यास किया था। इसका नाम Statue of Unity रखा गया, यह अमेरिका की Statue of Liberty से दुगुनी ऊँची होगी।

सरदार पटेल की जीवन-कथा एक रोचक एवं रोमांचकारी उपन्यास से कम रोमहर्षक नहीं है—आगे के पृष्ठों के अध्ययन से यह स्पष्ट हो जाएगा। इसके साथ ही इस पुस्तक के लेखन में जिन-जिन रचनाओं का प्रत्यक्ष एवं अप्रत्यक्ष रूप से सहयोग लिया गया है, उन रचनाकारों के प्रति हार्दिक आभार व्यक्त किया जाता है। आशा है, यह रचना पाठकों को रुचि कर एवं प्रेरक लगेगी।

❐

विषय-सूची

1. पारिवारिक पृष्ठभूमि, बाल्यकाल

वल्लभभाई का जन्म 31 अक्टूबर, 1875 को आणंद नामक तालुका, करमसद गाँव, नडियाद तहसील, खेड़ा जिला, गुजरात प्रान्त में हुआ था। करमसद में पाटीदारों की अधिकता थी। इस जन्मतिथि के सन्दर्भ में वह कहते थे, "स्कूल में मेरा जन्मदिन 31 अक्टूबर, 1875 लिखा है, परंतु यह तिथि ठीक नहीं है। यह मेरी आयु हेर-फेर करके लिखाई-लिखवाई गई है।"

वल्लभभाई के पिता का नाम श्री झबेरभाई था और माता का नाम श्रीमती लाड़बाई था। झबेरभाई अधिक पढ़े-लिखे न थे, परन्तु वे कठोर परिश्रमी, कर्तव्यनिष्ठ, सेवाभावी, धर्मपरायण, संयमी तथा दृढ़प्रतिज्ञ व्यक्ति थे। वह स्वामी नारायण संप्रदाय से जुड़े थे। उन्होंने रानी लक्ष्मीबाई की सेना में काम किया था। इतना ही नहीं, उन्होंने प्रथम भारतीय स्वतन्त्रता संग्राम (1857 ई.) में बहुत उत्साह से भाग लिया था। वह कहा करते थे, "झाँसी की रानी लक्ष्मीबाई जैसी देशभक्त एवं वीरांगना न तो पहले कभी हुई है और न ही आने वाले दिनों में होगी।" वह लक्ष्मीबाई को देवी का अवतार मानते थे। लेकिन युद्ध में अंग्रेजी हुकूमत की कूटनीति के चलते वह सफलता प्राप्त नहीं कर सकीं और वीरगति को प्राप्त हुईं। झबेरभाई को बंदी बना लिया गया। इस पर उन्होंने कहा था, "गोरे लोग समझते हैं कि हमें बंदी बनाकर

वे निष्कंटक रूप से भारत पर अपना राज शासन चला लेंगे। यह उनकी बहुत बड़ी गलतफहमी है। क्योंकि एक देशभक्त को जेल की सलाखों के पीछे करने से अनेक वीर क्रान्तिकारी जन्म लेते हैं।" महात्मा गाँधी के निजी सचिव महादेव देसाई ने अपनी पुस्तक 'वीरवल्लभभाई' में लिखा है–

"....कैद करके उन्हें अपने सामने बँधा हुआ रखकर एक बार मल्हार राव शतरंज खेल रहे थे। उस शतरंज में राजा जब गलत चाल चलते तो झबेर भाई कहते रहते–महाराज, इस मोहरे को यूँ चलिए। मल्हार राव चकित हो गए और कैदी को छोड़कर मित्र बना लिया।"

कैद से छूटकर झबेरभाई अपने गाँव में आकर खेतीबाड़ी से अपना निर्वाह करने लगे। करमसद और उसके आसपास के गाँवों में 'लवा' और 'कहवा' नामक क्षत्रियों की दो उपजातियों के लोग रहते थे और उनका विश्वास था कि 'लवा' (लेवा) लव के और 'कहवा' कुश के वंशधर हैं। झबेरभाई स्वयं को लेवा जाति का मानते थे।

वल्लभभाई की माता लाड़बाई अत्यन्त कोमल स्वभाव वाली, सुशील, पतिपरायण नारी थीं। विषम आर्थिक स्थिति वाले परिवार में ब्याह होने पर उन्होंने कठिन परिश्रम द्वारा घर को साफ-सुथरा रखने में और मितव्ययता से निर्वाह करते हुए बच्चों को ऊँची शिक्षा दिलाने में कुछ कमी न रखी थी। दीन-दुःखियों के प्रति लाड़बाई के हृदय में अथाह करुणा और सहानुभूति की भावना थी। दीन-दुःखियों को दान देना, अतिथियों का सत्कार करना और सबसे मधुर वाणी में बोलना आदि उनकी विशेषताएँ थीं।

लाड़बाई झबेरभाई की दूसरी धर्मपत्नी थीं। उन्होंने पाँच पुत्रों एवं एक पुत्री को जन्म दिया था। इनमें तीसरे थे विट्ठलभाई पटेल और चौथे थे सरदार वल्लभभाई पटेल। महात्मा गाँधी ने जब चरखा चलाने का कार्यक्रम चलाया तो वह नियमित रूप से प्रतिदिन चरखा चलाती थीं।

वल्लभभाई के बाद एक भाई तथा एक बहन का जन्म हुआ था। इस प्रकार छह भाई-बहन थे–सोभा भाई, नरसिंहभाई, विठ्ठलभाई, वल्लभभाई, काशीभाई और सबसे छोटी बहन डाहीबा (डाहीबा का सन् 1916 में देहान्त हो गया था)।

अध्ययन के लिए वल्लभभाई को करमसद, पेटलाद, नडियाद, बड़ौदा आदि कई स्थानों पर जाना पड़ा। अध्ययन की अवधि में उन्होंने तमाम परेशानियाँ उठाईं पर हिम्मत नहीं हारी। उन्होंने कठोर परिश्रम एवं पूरे मनोयोग से पढ़ाई की।

गाँव का स्कूल तीसरी कक्षा तक था। अतः तीसरी कक्षा में उत्तीर्ण होने के बाद यह समस्या उपस्थित हुई कि वल्लभभाई को कहाँ प्रवेश कराया जाए। बहुत सोच-विचार के बाद वल्लभभाई को करमसद से सात मील दूर पटेलाद की पाठशाला में प्रवेश कराया गया।

❐

2. प्रारम्भिक शिक्षा एवं रोचक प्रसंग

वल्लभभाई के नाना नडियाद में रहते थे। वहाँ हाईस्कूल में उनका नाम लिखा दिया गया। लेकिन वहाँ अंग्रेजी की पढ़ाई का प्रबंध उनके अनुरूप नहीं था। अतः बड़ौदा के हाईस्कूल में भरती हो गए। वहाँ गुजराती के अध्यापक थे छोटालाल। परन्तु संस्कृत के प्रति उन्हें विशेष लगाव था। इसलिए यदि कोई छात्र संस्कृत छोड़कर गुजराती लेता था तो उन्हें दुःख होता था। वल्लभभाई के साथ भी कुछ ऐसा ही हुआ। वह वल्लभभाई से अपनी कक्षा में मजाकिया लहजे में वह बोले–"आओ महापुरुष! कहाँ से पधारे हो? तुम संस्कृत छोड़कर गुजराती ले रहे हो। क्या तुम्हें यह भी पता है कि संस्कृत के बिना गुजराती ठीक से नहीं आती?" नया छात्र अभी बालक था, किन्तु स्वभाव से निर्भीक और नटखट। उसने अध्यापक के व्यंग्यपूर्ण प्रश्न को सुनकर तपाक से उत्तर दिया–"परन्तु मास्टर साहब, यदि हम सब संस्कृत में ही रहते, तो आप गुजराती किसे पढ़ाते?"

बालक ने व्यंग्यात्मक प्रश्न का उत्तर व्यंग्यात्मक प्रतिप्रश्न में देकर लोहे को लोहे से काटना चाहा। उस बालक का नाम था–वल्लभभाई पटेल और अध्यापक ने उस दिन संयोगवश व्यंग्य से उसको 'महापुरुष' कहा था, लेकिन कालान्तर में वे सचमुच ही 'महापुरुष' कहलाने के अधिकारी सिद्ध हुए।

अध्यापक छोटालाल के दिमाग में यह बात आई ही नहीं थी कि वल्लभभाई ऐसा जवाब देगा। गुस्से में आकर उन्होंने वल्लभभाई को बेंच पर

खड़ा कर दिया। वह बोले–"वल्लभ, एक से दस तक पहाड़े लिखकर लाना।" परन्तु वल्लभभाई को यह सहन नहीं हुआ। उन्होंने पहाड़े लिखने से मना कर दिया। अध्यापक ने उनकी सजा बढ़ा दी। उन्होंने उनका कहा नहीं माना। अध्यापक और छात्र वल्लभभाई दोनों अड़ गए। अध्यापक ने वल्लभभाई से दो सौ पहाड़े लिखकर लाने को कहा।

अगले दिन अध्यापक ने वल्लभ से पूछा–"तुम दो सौ पाड़े लाये या नहीं।" (गुजराती में पाड़ा शब्द के दो मतलब होते हैं–(1) पहाड़ा, (2) भैंस का नर बच्चा) वल्लभभाई भी अध्यापक से अपना हिसाब चुकाने के लिए तैयार बैठे थे। बोले–"श्रीमान, मैं दो सौ पाड़े लाया था। परन्तु उनमें से दो मरखने थे। मैं उन्हें लेकर यहाँ पहुँचा ही था कि उन्होंने यहाँ भारी उपद्रव मचा दिया। वे खुद तो भागे ही, बाकी सबको भी भगा दिया। अब यहाँ तो एक भी नहीं है।" यह सुन अध्यापक बौखला उठे–"कल पहाड़े लिखकर ले आना, वरना दंड मिलेगा।"

दूसरे दिन वल्लभ ने एक कागज पर दो सौ पहाड़े (सिर्फ एक पंक्ति) लिखा और उसे अध्यापक को थमा दिया। इस पर अध्यापक ने वल्लभ की शिकायत मुख्याध्यापक से कर दी। वल्लभ ने सारी बातें उनके सामने रख दीं। बोले–"मैं कक्षा में छह में पढ़ता हूँ, मुझे उसी के अनुसार दंड मिलना चाहिए। पर मुझे छोटी कक्षा में पढ़ने वाले छह-सात साल के बालकों को मिलने वाली सजा देना मेरे स्वाभिमान के विपरीत है। मेरी पुस्तक में से मुझे कुछ लिखने को कहा जाता तो वह मुझे स्वीकार था। अब आप जो सजा दें, मैं उसके लिए तैयार हूँ।"

मुख्याध्यापक वल्लभ की स्पष्टवादिता से बहुत प्रभावित हुए। उन्होंने वल्लभ को निर्दोष समझ कर छोड़ दिया।

पटेलाद में वल्लभभाई ने चार-पाँच अन्य बालकों के साथ एक कमरा ले रखा था। उसी में वे रहते थे। इस विचित्र 'छात्रावास' में रहते हुए, बहुत-ही छोटी अवस्था में ही वल्लभभाई ने आत्मनिर्भरता का पाठ पढ़ना आरम्भ कर दिया था। शनिवार को स्कूल से अवकाश मिलने के बाद वे

सात मील पैदल चलकर करमसद—अपने घर चले जाया करते थे और रविवार को दोपहर बाद पुनः पैदल चलकर पटेलाद पहुँच जाया करते थे।

वल्लभभाई जितने कुशाग्र बुद्धि थे, उतने ही परिश्रमी भी थे। प्रतिभा और परिश्रम का इस प्रकार का संयोग विरले ही मनुष्यों में पाया जाता है।

अंग्रेजी सहित चौथी तथा पाँचवीं कक्षा पास करने के बाद वल्लभभाई को नडियाद, जिला कैरा (खेड़ा) के हाईस्कूल में प्रवेश दिलाया गया। यहाँ शीघ्र ही ये नटखट, शरारती और तूफानी लड़कों के सरताज बन गए। इनके हास्य और व्यंग्य की धार यहीं सान पर चढ़ने लगी। शिक्षा की दृष्टि से, अर्थात् पढ़ाई-लिखाई में तेज होने के कारण जहाँ अध्यापक इन्हें चाहते थे, वहाँ इनकी आए दिन की शरारतों से उनकी नाक में दम आ जाता था।

वहाँ एक शिक्षक ऐसे थे जिनसे कुछ पूछने जाएँ तो वे गुस्से में कहते थे—"मुझसे क्या पूछते हो, अपने आप पढ़ो।"

वल्लभभाई ने मानो जीवन की यह कुंजी गाँठ बाँध ली थी। वे न केवल अपनी पाठ्य-पुस्तकों को आदि से अन्त तक स्वयं पढ़ डालते थे, बल्कि पुस्तकालय (लाइब्रेरी) की जो भी पुस्तक उन्हें अपने मतलब की प्रतीत होती थी, उसे आद्योपान्त पढ़ डालते थे। ज्ञान के जो दरवाज़े अब तक बन्द थे, वे मानो खुल गए। उन्होंने जीवन में जो कुछ प्राप्त किया, सब स्वयं पढ़कर, खुद ही निरीक्षण और परीक्षण करके प्राप्त किया। वे खुद इसे 'कोठ विद्या' कहते थे, जो अनुभव से प्राप्त की हुई और पेट में पचाई हुई या अच्छी तरह से हजम की हुई हो, वही सच्ची विद्या है।

❐

3. प्लीडर एवं गृहस्थी जीवन

"नादिरशाही···"

"···नहीं चलेगी।"

"जोर-जुलम···"

"···नहीं चलेगा।"

वल्लभभाई पटेल कक्षा के बाहर आकर नारे लगा रहे थे और उन्हीं की कक्षा के विद्यार्थी उनके साथ ही उन नारों को दोहरा रहे थे। देखते ही देखते सारी कक्षाओं से उठ-उठकर विद्यार्थी बाहर आने लगे। उन्हें रोकने के लिए अध्यापकों द्वारा किए गए सारे प्रयास विफल हो गए। छात्र वल्लभभाई के नेतृत्व में ज ोर-ज ोर से नारे लगाने लगे। स्कूल के हेडमास्टर साहब बाहर आए। उन्होंने वल्लभभाई के पास आकर स्नेह से पूछा—"क्यों? क्या बात है?"

वल्लभभाई ने कहा—"गणित के अध्यापक हमारी कक्षा से माफी माँगें।"

"क्यों?"

"उन्होंने हमारी कक्षा के छात्रों को बेंत से पीटा है। उन्हें खुद तो सवाल हल करने नहीं आते और चले हैं हमें पीटने। हेडमास्टर साहब! आप स्वयं देखिए।"

हेडमास्टर ने सब छात्रों को शान्त होकर बैठ जाने का आदेश दिया। उनके आश्चर्य का ठिकाना न रहा, जब उन्होंने यह देखा कि अध्यापक का उत्तर ग़लत था। उन्होंने वल्लभभाई और उनके साथियों को समझाने का

प्रयत्न किया–"भूल सबसे हो सकती है, अध्यापक से भी। सब छात्र अपनी-अपनी कक्षा में जाकर बैठो। अध्यापक से माफी माँगने के लिए कहना अनुचित है।"

वल्लभभाई ने कहा–"जब तक गणित के अध्यापक माफी नहीं माँगेंगे, तब तक एक भी छात्र कक्षा में नहीं जाएगा।"

और सचमुच हेडमास्टर साहब के आदेश, आग्रह और अनुनय करने पर भी, एक भी छात्र कक्षा में न गया।

स्कूल में छह दिन तक लगातार हड़ताल रही। अन्त में वल्लभभाई को स्कूल से निकाल दिया गया।

तब वल्लभभाई को बड़ौदा के हाईस्कूल में दाखिल करवाया गया। घर की आर्थिक स्थिति अच्छी न थी और उधर बड़ौदा एक शानदार नगर होने के कारण वहाँ के छात्र बड़े ठाट-बाट के कपड़े पहनकर स्कूल में आया करते थे। गाँव के किसान का खद्दरधारी बेटा पटेल वहाँ अपने को सबसे सादा देखता था। इस पर भी झबेरभाई के लिए यह कठिन था कि पाँच अन्य बच्चों के पालन-पोषण और शिक्षा की व्यवस्था करने के साथ, वल्लभभाई को बड़ौदा में शिक्षा प्राप्त करने का साधारण खर्च भी लगातार दे सकें, अतः उन्होंने वल्लभभाई को स्कूल से निकाल लिया।

अब वल्लभभाई गाँव में जाकर पिता के साथ खेतों पर काम करने लगे। परन्तु उन्होंने स्वतन्त्र रूप से पुस्तकों का अध्ययन करना निरन्तर ज़ारी रखा।

नए सत्र के आरम्भ में वल्लभभाई को पुनः नडियाद के हाईस्कूल में प्रवेश कराया गया। यहीं से सन् 1897 में उन्होंने मैट्रिक परीक्षा पास की।

घर में रुपये-पैसे की कमी थी, अतः वल्लभभाई को कॉलेज में प्रवेश कराने का सवाल ही नहीं उठता था। परन्तु अब ऊँची शिक्षा प्राप्त करने की उन्हें लगन-सी लग गई थी। वल्लभभाई वकालत की पुस्तकें पढ़ने लगे। उन्होंने यह उपाय सोचा कि जिससे पढ़ाई में खर्च कम करना पड़े और आसानी से कमाई का धन्धा निकल आए। एल-एल॰ बी॰ करने के लिए जितने समय

और धन की आवश्यकता थी, उसका यहाँ अभाव था। अतः वल्लभभाई ने डिस्ट्रिक्ट प्लीडर बनने का निश्चय किया। पिता झबेरभाई ने कहा कि नौकरी करके घर की आर्थिक सहायता करो, परन्तु वल्लभभाई में बचपन से ही बड़ा आदमी बनने की महत्त्वाकांक्षा थी और उन दिनों बड़ा आदमी बनने का अर्थ था वकील या बैरिस्टर बनना।

फलतः अपने ही परिश्रम के बल पर उन्होंने सन् 1900 में 'जिला वकील' की परीक्षा पास कर ली। परीक्षा में उन्होंने अच्छे अंक प्राप्त कर लिए थे। इससे उनकी आत्मनिर्भरता और आत्मविश्वास की भावनाओं को बहुत बल मिला।

यहाँ यह बता देना आवश्यक है कि वल्लभभाई पटेल का विवाह विद्यार्थी जीवन में ही अट्ठारह वर्ष की अवस्था में हो गया था। उनकी पत्नी का नाम झबेरबा था। विवाह के बाद एक दिन वल्लभभाई ने अपनी पत्नी से कहा– "अब मुझे अपनी पढ़ाई बंद करनी होगी। मुझे लगता है कि घर गृहस्थी चलाने के लिए मुझे कोई कारोबार धंधा करना चाहिए।"

पत्नी झबेरबा उनकी उलझन समझ गईं और बोलीं–"क्यों? अभी तो आपको और पढ़ाई करनी चाहिए।"

"हाँ, वह तो ठीक है। पर तुम्हारे आने से खर्च भी तो बढ़ गया है। अब तक मैं अकेला था और मेरा खर्च भी घर वाले उठा रहे थे। तुम्हारे आने से अब घर वालों को दो लोगों का बोझ उठाना पड़ेगा।" वल्लभभाई ने झबेरबा को समझाते हुए कहा।

"तो आप मुझे बोझ समझते हैं?" झबेरबा ने पूछा।

"पर पत्नी का खर्च उठाना तो उसके पति की ही जिम्मेदारी है।"

"आप ठीक कहते हैं, पर मेरी इच्छा है कि आप पढ़-लिखकर बड़े अधिकारी बनो।"

"मेरा सपना तो कुछ और ही है। मैं उसे पूरा करना चाहता हूँ।" वल्लभभाई ने कहा।

"आपका क्या सपना है?" झबेरबा ने कुतूहलवश पूछा।

"मैं गरीबों, मजबूरों, पीड़ितों, बेसहारों आदि का अधिकारी बनना चाहता हूँ। मैं वकील बनना चाहता हूँ।"

पत्नी ने उनकी बातों का समर्थन किया।

वल्लभभाई की पढ़ाई में झबेरबा अपने को एक अड़चन समझ अपने पिता के घर चली गईं। वल्लभभाई ने स्वयं मेहनत करके पढ़ाई जारी रखने का संकल्प ठान लिया। धीरे-धीरे उनके पास घर-गृहस्थी आराम से चलाने लायक रुपया आने लगा तो उन्होंने अपनी पत्नी को अपने पास बुला लिया।

1904 में एक पुत्री (मणि) और 1905 में एक पुत्र (डाह्याभाई) का जन्म हुआ था।

वकालत की परीक्षा की तैयारी से पूर्व वल्लभभाई अपने एक मित्र के घर बाकरोल में जाकर रहे थे। वहाँ अलग कमरा मिल गया था और अध्ययन के लिए एकान्त की सुविधा थी।

इन्हीं दिनों उनकी आँख के पास एक बहुत बड़ा फोड़ा निकल आया था। गाँव के आसपास के इलाके में कोई डाक्टर न था। कई प्रकार की दवाइयाँ रगड़कर फोड़े पर लगाई गईं, परन्तु फोड़ा फूटने में न आया। तब गाँव का एक आदमी किसी नाई को बुला लाया, जो जर्राही में कुशल माना जाता था। फोड़े की जाँच-पड़ताल करने के बाद उसने कहा कि नश्तर लगाना होगा। वल्लभभाई पीड़ा से नहीं डरते थे। जर्राह ने सलाख खूब गर्म की और फोड़े में नश्तर लगाया। परन्तु पीप पूरी तरह बाहर नहीं निकली। जर्राह के हाथ काँप रहे थे। फोड़ा बहुत बड़ा था और जर्राह पूरी ताकत से फोड़े को दबाकर पीप बाहर निकालने में हिचकिचा रहा था। वल्लभभाई ने मुसकराते हुए सलाख नाई के हाथ से ले ली। फिर उसे खूब गरम करके खुद फोड़े में घुसेड़ दी और अच्छी तरह पीप बाहर निकाल दी। एक ही नश्तर में पटेल ने अपने हाथों से फोड़े का काम तमाम कर दिया और फिर अपने कमरे में जाकर कानून की पुस्तक पढ़ने में लग गए, जैसे कुछ हुआ ही न हो।

❐

4. वकालत में कमाया नाम

वकालत पास करने के बाद वल्लभभाई के सामने दो विकल्प थे–एक तो यह कि किसी बड़े वकील की छत्रछाया में कुछ वर्ष काम करने के बाद अपनी स्वतन्त्र वकालत जमाएँ और दूसरा यह कि अपने बड़े भाई–विट्ठलभाई पटेल के साथ, जो बोरसद में वकालत कर रहे थे और जिनकी वकालत खूब चल निकली थी–कुछ वर्ष काम करें। नडियाद के कुछ प्रसिद्ध वकीलों ने वल्लभभाई को अपने साथ काम करने के लिए आमन्त्रित भी किया, किन्तु इन्होंने तीसरा मार्ग, अर्थात् आत्मनिर्भरता का मार्ग चुना और गोधरा में जाकर स्वतन्त्र रूप से वकालत शुरू कर दी। अल्पकाल में ही इनकी कर्मठता, कार्य-निपुणता, ईमानदारी तथा मुवक्किलों के प्रति सहानुभूति-शीलता की सब जगह चर्चा होने लगी और फौजदारी के नामी वकीलों में इनकी गणना होने लगी। साथी वकीलों, सरकारी वकीलों और मैजिस्ट्रेटों पर भी इनकी योग्यता तथा कानून-निपुणता की धाक बैठती गई। गोधरा गुजरात प्रांत के पंचमहाल जिले का मुख्य केन्द्र था। वहाँ फौजदारी मुकदमे बहुत आते रहते थे। वल्लभभाई की आय दिनोंदिन बढ़ती चली गई। अपनी कर्मठता, सूक्ष्म अध्ययनशीलता, पैनी बुद्धि तथा प्रखर तर्क-शक्ति के कारण वे जिस भी मुकदमे को हाथ में लेते थे, उसी में जीत होती थी। अंग्रेज मैजिस्ट्रेट भी उनका लोहा मानने लगे थे।

उन्हीं दिनों गोधरा में प्लेग की महामारी फैल गई। वल्लभभाई के

एक घनिष्ठ, जो कोर्ट में नाज़िर थे, प्लेग से ग्रस्त हो गए। पटेल ने उनकी बड़ी सेवा की। जब वे ठीक हो गए, तो यही बीमारी उनके लड़के को लग गई। बहुत इलाज के बाद भी नाज़िर के लड़के को बचाया न जा सका। जब उसका दाह-संस्कार करके लौटे, तो वल्लभभाई स्वयं प्लेग-ग्रस्त हो गए। धैर्य धारण करके वे अपनी पत्नी के साथ आनन्द चले गए और यह सोचकर कि यह छूत की बीमारी पत्नी को भी न लग जाए, उन्होंने पत्नी को करमसद जाने के लिए बाध्य कर दिया। फिर वे स्वयं नडियाद चले गए। नडियाद में भलीभाँति चिकित्सा करवाने के बाद बड़ी कठिनाई से वे पूर्णतया रोगमुक्त हो सके।

गोधरा में दो वर्ष वकालत करने के उपरान्त वल्लभभाई बोरसद चले गये और वहाँ वकालत करने लगे। विट्ठलभाई बोरसद में वकालत करते हुए बहुत अच्छी ख्याति तथा प्रतिष्ठा प्राप्त कर चुके थे, परन्तु किसी जज पर उन्होंने रिश्वत लेने के भीषण आरोप लगाए थे, जिनके कारण उस जज के आचरण की जाँच के लिए जाँच कमीशन की नियुक्ति कर दी गई थी। न्यायालय के अनेक अधिकारियों ने इसमें अपना अपमान समझा और वे विट्ठलभाई को किसी-न-किसी मामले में फँसाने के अवसर की प्रतीक्षा करने लगे। हालाँकि विट्ठलभाई ने वल्लभभाई को इस विषय में कुछ भी बताया न था, परन्तु अन्य मित्रों से वल्लभभाई को इस बात की सूचना मिल गई थी, अतः उन्होंने सोचा कि बड़े भाई के सम्मान की रक्षार्थ प्रयत्न करना उनका कर्तव्य है और ऐसा तभी हो सकता है जब वे स्वयं बोरसद में जाकर प्रेक्टिस करने लगें।

वल्लभभाई की प्रेक्टिस बड़े भाई से भी आगे बढ़ने लगी और जो न्यायालय अधिकारी विट्ठलभाई के विरोधी थे, वल्लभभाई की मित्रता चाहने लगे। एक दिन विट्ठलभाई का सबसे बड़ा विरोधी अफसर जो कि तहसीलदार था, एक मुकदमे में फँस गया। उसने पैरवी के लिए वल्लभभाई से कहलवा भेजा, किन्तु वल्लभभाई ने सुनी-अनसुनी कर दी। तहसीलदार ने कई सिफारिशें पहुँचाई, परन्तु वल्लभभाई के कानों पर जूँ तक न रेंगी। तब तहसीलदार ने

अपने एक परम मित्र रेज़िडेन्ट मैजिस्ट्रेट को वल्लभभाई की सेवा में प्रेषित किया, परन्तु वल्लभभाई फिर भी नहीं पसीजे। अब तहसीलदार को नौकरी जाने का ख़तरा हो गया था और वह सोचता था कि उसका बचाव कोई कर सकता है, तो वल्लभभाई ही। हार कर तहसीलदार विट्ठलभाई के यहाँ पहुँचा और उनसे नम्रतापूर्वक प्रार्थना की कि वे अपने अनुज को समझा-बुझाकर राजी करें। तब वल्लभभाई को बुलवाया गया। वल्लभभाई ने शर्त रखी कि पहले तहसीलदार तथा उसके साथी अन्य अफसर विट्ठलभाई से क्षमायाचना करें और भविष्य में उनका विरोध न करने का वचन दें, तो उनकी सहायता की जा सकती है। सबके माफी माँगने पर ही वल्लभभाई ने तहसीलदार का केस अपने हाथ में लेना स्वीकार किया और अपनी दृढ़ता से बड़े भाई के सम्मान की रक्षा में पूर्ण सफलता प्राप्त की।

दोनों भाइयों के ऊपरी व्यवहार से लोगों को भ्रम हो गया था कि दोनों में किसी कारण से मनोमालिन्य है, परन्तु वास्तव में दोनों में अनन्य भ्रातृ-प्रेम विद्यमान था।

वल्लभभाई में जिरह करने की अद्भुत प्रतिभा थी। स्वतन्त्र रूप से उन्होंने कानून की पुस्तकों का सूक्ष्म अध्ययन कर रखा था और स्मृति के बल पर वे सही उद्धरण (हवाले) उपस्थित करके सरकारी वकील का मुँह बन्द कर देते थे और सरकार द्वारा खड़ा किया गया मुकदमा देखते-देखते बालू की दीवार की भाँति ढेर हो जाता था। इस कारण उनकी आय न केवल अन्य वकीलों की अपेक्षा, बल्कि बड़े भाई विट्ठलभाई पटेल की अपेक्षा भी बढ़ गई।

सरकार ने जिला अदालत को बोरसद से हटाकर आनन्द में स्थानान्तरित कर दिया। परन्तु जब वल्लभभाई वहाँ भी जा पहुँचे तो सरकार ने अदालत को आनन्द से उठाकर पुनः बोरसद में ही लाना उचित समझा।

खेड़ा जिले के बोरसद ताल्लुके में ज्यादा फौजदारी अपराध होते थे। अतः सरकार ने विशेषतः इसी क्षेत्र के लिए रेजि डेन्ट फर्स्ट क्लास मैजिस्ट्रेट नियुक्त किया हुआ था। अधिक महत्त्वपूर्ण मुकदमा आने पर अहमदाबाद से सरकारी वकील सरकार की ओर से पेश होता था, परन्तु बचाव पक्ष की ओर

से वल्लभभाई को ही वकील किया जाता था और मुवक्किल छूट जाता था।

वल्लभभाई पटेल को दीवानी मामले की पैरवी हाथ में लेना पसन्द न था। उन्होंने एक बार कहा था—"दीवानी मामले बहुत कम लेता था और उनमें भी जहाँ कानून के गली-कूचों में जाना पड़े, वैसा नहीं लेता था। परन्तु ऐसे ही मामले लेता था, जिनमें प्रमाण के विरुद्ध प्रमाण पेश करना हो या विरोधी पक्ष के सारे प्रमाण रद्द कर देना हो।"

❐

5. पत्नी का वियोग एवं विदेश गमन

सन् 1905 में एक घटना घटी। वल्लभभाई के धनाढ्य मुवक्किल पेचीदा मुकदमों में पैरवी के लिए अहमदाबाद से बैरिस्टरों को लाया करते थे। उन बैरिस्टरों की भारी-भरकम फीस होती थी। वल्लभभाई को उन बैरिस्टरों का सहायक बनकर अदालत में बैठना पड़ता था। सारा महत्त्वपूर्ण कार्य वल्लभभाई को करना पड़ता था, परन्तु 'बैरिस्टर' होने के बल पर वे लोग अधिक फीस ले जाते थे। वल्लभभाई को यह बात अधिकाधिक अखरती और उनके स्वाभिमान को चोट पहुँचती। अतः उनके मन में विलायत जाकर बैरिस्टर बनने की महत्त्वाकांक्षा उत्पन्न हुई। यह आकांक्षा दिनोंदिन दृढ़तर होती गई।

वे 'टामस कुक सन्ज़ एण्ड कम्पनी' से यात्रा के सम्बन्ध में पत्र-व्यवहार करने लगे। धीरे-धीरे सब कुछ तय हो गया।

इसी बीच एक ऐसी घटना हो गई, जिसने सब उलट-फेर कर दिया।

इस घटना के संदर्भ में वल्लभभाई लिखते हैं, "इसके बाद मैंने कानून का अध्ययन किया और वकालत का धंधा करके विलायत के खर्च जितनी रकम कमाने के बाद वहाँ जाने का निश्चय किया। परन्तु जिस कम्पनी के द्वारा विलायत जाने की व्यवस्था करने के लिए पत्र-व्यवहार किया, उसका मेरे नाम आया उत्तर मेरे बड़े भाई को मिल गया क्योंकि अंग्रेजी में हम दोनों वी. जी. पटेल कहे जाते हैं। उत्तर पढ़कर बड़े भाई ने मुझसे कहा, "मैं तुमसे बड़ा हूँ, मुझे विलायत जाने दो। मेरे लौटने के बाद तुम्हें जाने का मौका मिलेगा, लेकिन तुम्हारे लौटने के बाद मैं विलायत नहीं जा सकूँगा। मैंने

भाई को पन्द्रह दिन का समय दिया। पन्द्रहवें दिन वे विलायत के लिए रवाना हो गए। तीन वर्ष में वे लौट आए। उसके बाद मैं विलायत गया।''

वल्लभभाई के मन में अपने अग्रज के लिए असीम आदर तथा प्रेम था। उन्होंने न केवल यह प्रस्ताव ही स्वीकार कर लिया, बल्कि विलायत का पूर्ण व्यय दस सहस्र रुपया भी भाई को भेंट कर दिया। यदि वल्लभभाई आर्थिक सहायता न करते, तो विट्ठलभाई विलायत नहीं जा सकते थे। इतना ही नहीं, बड़े भाई की अनुपस्थिति में उनके परिवार का व्यय-भार भी वल्लभभाई ने अपने कंधों पर ले लिया। विट्ठलभाई के विलायत जाने की खबर इतनी गुप्त रखी गई कि किसी को कानोंकान खबर न हुई। दोनों भाई मुकदमे की पैरवी करने के नाम पर बम्बई गए और जब भाई को जहाज पर सवार कराने के बाद वल्लभभाई घर लौटे, तब घर वालों को इसकी खबर हुई।

वल्लभभाई दुगने उत्साह से वकालत में लग गए, क्योंकि अब उन पर भाई के परिवार का भी बोझ आ पड़ा था। साथ ही भाई को लगातार खर्च भेजते रहने की भी समस्या थी, ताकि उनके अध्ययन में किसी प्रकार का विघ्न न पड़े। इसलिए वल्लभभाई को और धन उपार्जित करने की जरूरत थी। फिर उन्हें स्वयं भी बैरिस्टर बनने विलायत जाना था। अतएव उन्हें अधिक धन चाहिए था।

विट्ठलभाई की पत्नी इन्हीं के घर आकर रहने लगी थीं। परन्तु वल्लभभाई की पत्नी झबेरबा से उनकी बनती नहीं थी। दोनों के प्रतिदिन के विवाद से वल्लभभाई की मानसिक शान्ति भंग हो गई और काम में भी बाधा पड़ने लगी। वल्लभभाई भाई की भाँति ही भावज को भी पूजनीया समझते थे और भाई की अनुपस्थिति में भावज का दिल न दुखे, इसके लिए सतत प्रयत्नशील रहते थे, किन्तु आये दिन भावज की माँगें बढ़ती जाती थीं और घर में संग्राम छिड़ा रहता था। अन्त में वल्लभभाई ने अपनी पत्नी को उसके मायके भेज दिया तथा जाने से पहले यह कह दिया कि वह तब तक न लौटे, जब तक विट्ठलभाई विलायत से न आ जाएँ। भाभी के प्रति कर्तव्य पूरा करने के साथ-साथ पत्नी के प्रति भी वे पूर्ण कर्तव्य निभाते रहे और प्रति मास

निश्चित राशि खर्च के लिए भेजते रहे।

सन् 1908 में विट्ठलभाई पटेल विलायत से बैरिस्टर बनकर लौट आए। वे बम्बई में वकालत करने लगे। उनकी कमाई बहुत बढ़ गई और उन्होंने सारे परिवार का बोझ अपने ऊपर ले लिया।

इन्हीं दिनों वल्लभभाई की पत्नी झबेरबा बहुत बीमार हो गईं। चिकित्सा की सुव्यवस्था के लिए वल्लभभाई उन्हें बम्बई ले गए। वहाँ इलाज चलने लगा और झबेरबा का कष्ट कुछ कम हुआ, हालाँकि रोग से पिण्ड अभी नहीं छूट सका था और उनका इलाज कामा अस्पताल में निरन्तर जारी था। वल्लभभाई को एक कत्ल के मुकदमे की पैरवी के लिए बोरसद पहुँचना था। अस्पताल के डाक्टरों से विदित हुआ कि झबेरबा की स्थिति पहले से अच्छी है और पंद्रह दिन बाद उनके पेट का ऑप्रेशन होगा, अतः वल्लभभाई ने बोरसद चले जाना उचित समझा। विट्ठलभाई ने भी पूरी देख-रेख रखने का आश्वासन दिया।

बोरसद में आकर वल्लभभाई ने अपना ध्यान पूरी तरह उस कत्ल के मुकदमे की तैयारी करने पर ही एकाग्र कर दिया, क्योंकि मुवक्किल के प्राण बचाने का उत्तरदायित्व उन्हीं पर था, बल्कि उन्हीं की पैरवी पर सारा दारोमदार था और वे जानते थे कि अभियुक्त निर्दोष है।

सन् 1909 की हृदय-विदारक घटना है–

अदालत में मुकदमे की सुनवाई के दौरान वल्लभभाई पटेल अभियुक्त की ओर से पैरवी कर रहे थे। इतने में उनके नाम एक तार आया। पल-भर के लिए उन्होंने रुक कर तार खोल कर पढ़ा और उसे जेब में डाल लिया। फिर वे बड़ी ही सरगर्मी से मुकदमे की पैरवी में लग गए। अदालत उठने तक वे दलील पर दलील और प्रमाण पर प्रमाण पेश करते गए।

अदालत उठने पर वे बाहर आए, तो मित्रों ने पूछा कि तार में क्या था?

वल्लभभाई ने उत्तर दिया–"""मणिबेन की माता का देहान्त हो गया। क्या करता, तार पढ़ने के बाद कुछ देर के लिए मैं किंकर्तव्यविमूढ़ हो गया था, किन्तु मृत्यु के आघात से जीवन का कर्तव्य कैसे छोड़ता? यदि आज दृढ़तापूर्वक जिरह न करता, तो अभियुक्त (मुवक्किल) को फाँसी की सजा

भी हो सकती थी।"

पत्नी की मृत्यु के कुछ समय बाद मित्रों तथा सम्बन्धियों की ओर से दबाव दिया जाने लगा कि वे दूसरा विवाह कर लें। परन्तु उन्होंने साफ इनकार कर दिया। कहने लगे—"झबेरबा की याद इस दिल में सदा ताजा रहेगी। मणि और डाह्या उसकी निशानियाँ मेरे पास हैं ही, मुझे और क्या चाहिए?"

विट्ठलभाई की पत्नी के पास ही मणि तथा डाह्याभाई रहते थे। जब वे भी भयंकर रूप से रोगशय्या पर पड़ गईं, तो एक बार वल्लभभाई का भी हृदय काँप उठा। परन्तु विट्ठलभाई ने कहा—"वल्लभ! ईश्वर जो भी परीक्षा ले, उसके लिए हमें अपना हृदय वज्र की भाँति कठोर बनाना पड़ेगा।"

बड़े भाई के धैर्य को देखकर इन्होंने भी मन को कठोर किया। भाई उन दिनों अत्यधिक व्यस्त रहते थे, अतः वल्लभभाई ने अपनी भाभी को इलाज के लिए बोरसद बुलवा लिया। अच्छे से अच्छे डॉक्टर की व्यवस्था की गई और पानी की भाँति रुपया बहाया गया, किन्तु 1910 में उनका देहावसान हो गया।

वल्लभभाई को अपनी पत्नी की मृत्यु के बाद, दूसरे ही साल पूज्या भाभी के निधन पर इतना दुःख हुआ कि विलायत जाने का उत्साह कम हो गया परन्तु विट्ठलभाई के अत्यधिक समझाने-बुझाने पर वे विलायत जाने के लिए तैयार हो गये। मणिबेन तथा डाह्याभाई को सेंट मेरी स्कूल की मिस विल्सन के संरक्षण में रखकर और दस हजार रुपये दोनों बच्चों के व्यय के लिए भाई के हाथ में देकर, 1910 में ही वल्लभभाई विलायत के लिए जहाज पर सवार हुए।

वल्लभभाई में गजब का साहस एवं सूझ-बूझ थी। अपने कुछ परिजनों के काल कवलित हो जाने पर भी उन्होंने अपने आपको सँभाले रखा। जीवन में निराशा के क्षणों को उन्होंने हवा में उड़ा दिया। नरहरि पारीख लिखते हैं—"जब बोरसद में 'हैडियाकर' की लड़ाई जारी थी, उस समय सरकार का जनता के विरुद्ध एक आरोप यह था कि गाँधी जी को खेड़ा सत्याग्रह की ओर असहयोग की लड़ाइयों से लोगों को हुकूमत का डर नहीं रहा और जो डाकू

पैदा हुए उन्हें लोगों ने प्रोत्साहन दिया। साधारण मनुष्यों को डाकू बनाने में किस तरह सरकारी अफसर ही कारण बनते हैं।"

इसका सभा में वर्णन करते हुए वल्लभभाई ने अपनी वकालत के अनुभवों में से एक उदाहरण दिया था–सिंगलाव का वह गुलाब राजा जब डाकू बनकर निकला, तब तो गाँधी जी हिन्दुस्तान में आए भी नहीं थे। वह उस समय के कलेक्टर वुड को मारने की फिराक में था क्योंकि उसने गुलाब राजा को झूठे मामले में फँसा कर सजा दिलवाई थी। एक बार कलेक्टर का मुकाम सिंगलाव गाँव में था। वहाँ उसने सुना कि गुलाब राजा का आदमी गायकवाड़ी हद में डाके डाल रहा है और अंग्रेजी राज की पुलिस की उसे मदद प्राप्त हो रही है। उसने उसकी जाँच शुरू कर की। उस वक्त वह गुलाब राजा जरीदार साफा और कमरबंद लगाए पास ही खड़ा था। उसने कहा–"मैं हूँ गुलाब राजा।" बूढ़े ने कहा–"तेरे हाथ खुले हैं। तुझे तो बेड़ियाँ पहनानी चाहिए।" गुलाब राजा ने कहा–"अपराध में पकड़ा जाऊँ तब तेरी ताकत हो सो सजा देना परन्तु आज तो मैं राजा हूँ।" बाद में उसे जुर्म में फँसाने के लिए कलेक्टर के कहने से उस पर मुकदमा खड़ा किया गया।

तहसीलदार के सिखाने से एक बनिये ने थाने पर गुलाब राय को गाली दी। इससे बिगड़कर उसने सर में ढेला मार दिया। इस बात का मुकदमा चला। गुलाब राजा ने मुझे वकील किया। केस में कुछ नहीं हो सकता था। परन्तु कलेक्टर ने जज से मिलकर उसे नौ महीने की सजा दिला दी। उसे इस बात की गंध आ गई थी इसलिए फैसले के दिन वह अदालत में हाजिर नहीं हुआ और उसी दिन से डाके डालने शुरू कर दिए। इस तरह एक छोटी-सी बात से कलेक्टर ने एक बेगुनाह को डाकू बना दिया। फिर तो उसने बावन डाके डाले और पचीस-तीस हत्याएँ कीं। उसे सताने में पुलिस सुपरिंटेंडेंट भी शामिल था। कलेक्टर को खबर दी जाती कि गुलाब राजा रोज रात को वल्लभभाई वकील के घर आता है। इसलिए उसने मुझे बुलवाया और बड़ी-बड़ी जगहें देने की लालचें देकर उसे पकड़वा देने के लिए कहा। मैंने कहा–"कानून मैं भी जानता हूँ। मेरे घर वह आता हो तो मुझे खुद ही बता देना चाहिए। न बताऊँ तो मैं जानता हूँ कि यह अपराध माना जाएगा।

वैसे आपकी नौकरी की लालच से उसे पकड़वाने के काम में पड़ूँ तो यह काला कारनामा कहा जाएगा और वैसे भी मैं तो सरकारी नौकरी को लात मारता हूँ।" कलेक्टर स्तब्ध होकर सुनता रहा। कलेक्टर को जब यह पता चला कि गुलाब राजा उसे मारने की फिराक में है, तो वह अंत में लम्बी छुट्टी लेकर विलायत चला गया।

यह घटना दर्शाती है कि वल्लभभाई ने विकट परिस्थितियों में अपना नैतिक साहस नहीं खोया।

इंग्लैंड पहुँचकर वल्लभभाई के सम्मुख आवास की समस्या उठ खड़ी हुई। अन्त में एक महिला के यहाँ, जो उचित व्यय पर बोर्डरों को रखती थी, वल्लभभाई ने भी अपने आवास की व्यवस्था कर ली। यहाँ सस्ते में आवास मिल गया। निरामिष भोजन की भी यहाँ व्यवस्था थी।

उन दिनों इंग्लैंड में बैरिस्टरी के अध्ययन तथा परीक्षा की व्यवस्था करने वाली चार संस्थाएँ थीं–

(1) लिंकन्स इन

(2) इन्नर टेंपल

(3) मिडल टेंपल

(4) ग्रेज़ इन।

वल्लभभाई पटेल ने मिडल टेंपल में प्रवेश प्राप्त किया। 1911 में इनकी 'Equity' में प्राथमिक परीक्षा हुई। उसमें ये फर्स्ट क्लास आए। इस प्रकार इन्होंने अपनी अध्ययनशीलता तथा प्रतिभा के कारण भारत की धाक जमा दी। उन दिनों अंग्रेज भारतीयों को 'कालामैन' समझते थे और उन्हें घृणा की दृष्टि से देखते थे। परन्तु जब वल्लभभाई ने ऑनर्स के साथ प्रथम कोटि में प्रथम स्थान प्राप्त किया, तो अंग्रेज अध्यापक तथा छात्र इनकी प्रखर बुद्धि से प्रभावित हुए और इनकी ओर आकर्षित हुए। उनकी दृष्टि में न केवल वल्लभभाई का, अपितु भारत का भी सम्मान बढ़ गया।

वल्लभभाई के आवास स्थान से मिडल टेंपल की लाइब्रेरी ग्यारह मील दूर थी। पटेल के पास पुस्तकों की कमी थी और खरीद कर पुस्तकें पढ़ने

में बहुत खर्च पड़ता, अतएव ये प्रतिदिन नियमपूर्वक पैदल चलकर लाइब्रेरी जाते थे। पुस्तकालय का समय प्रातः 9 बजे से सायं 6 बजे तक था। पटेल वहाँ दत्तचित्त होकर पढ़ा करते थे। कई बार वे पुस्तकों में इतने मग्न होते थे कि उन्हें न अपनी सुध रहती थी और न ही संसार की। जब लाइब्रेरी का कर्मचारी आकर इन्हें बताता था कि समय समाप्त हो गया, तब कहीं इनका ध्यान भंग होता था और ये अपने कागज समेटते हुए बाहर आते थे।

इन्हीं दिनों वल्लभभाई एक भयंकर रोग से पीड़ित हो गए। डॉक्टरों ने एक टाँग काटने का निर्णय कर लिया। परन्तु जब एक जर्मन डॉक्टर ने इनका निरीक्षण-परीक्षण किया, तो ब्रिटिश डॉक्टरों से असहमति प्रकट की। वल्लभभाई ने उसी जर्मन डॉक्टर का इलाज शुरू कर दिया। उस डॉक्टर ने एक बड़ा ऑप्रेशन किया। ऑप्रेशन करते समय जब इन्हें क्लोरोफ़ॉर्म सुँघाकर बेहोश करने लगे, तो इन्होंने इनकार कर दिया और कहा—"इसकी क्या आवश्यकता है?" बहुत समझाने पर भी ये न माने और पूरी तरह होश में ही इन्होंने ऑप्रेशन करवाया और 'आह!' तक न की!

बारह शिक्षावधियाँ पूर्ण करने की बजाय इन्होंने छह शिक्षावधियों में ही बैरिस्टरी का कोर्स पूर्ण कर लिया। मेधावी छात्र होने के कारण इन्हें उच्चतम परीक्षा में प्रवेश करने की अनुमति दे दी गई। बैरिस्टरी की उच्चतम परीक्षा में प्रथम श्रेणी में प्रथम स्थान प्राप्त करके इन्होंने भारत का मस्तक ऊँचा कर दिया।

सभी अध्यापक तथा विद्यार्थी इनकी प्रतिभा पर चकित रह गए और उन्हें विशेष आश्चर्य इस बात पर था कि भारत, जिसे वे अपने अधीन और दास समझते थे, का ही एक विद्यार्थी सभी विद्यार्थियों को पीछे छोड़ गया!

ऑनर्स सहित प्रथम श्रेणी में प्रथम स्थान प्राप्त करने के कारण, दीक्षांत समारोह में वल्लभभाई का भव्य जुलूस निकाला गया। जुलूस में सबसे आगे मिडल टेंपल की कार्यकारिणी के अध्यक्ष महोदय थे, उनके पीछे वल्लभभाई पटेल थे, पटेल के पीछे सभी बेंचर थे और बेंचर्स के पीछे बैरिस्टर की पदवी प्राप्त करने वाले अन्य विद्यार्थी थे। उच्चतम परीक्षा में प्रथम श्रेणी में प्रथम स्थान प्राप्त करने के कारण पटेल को पचास पाउंड का पुरस्कार देकर सम्मानित किया गया।

❐

6. वकालत एवं गाँधी जी का सान्निध्य

कान्वोकेशन (दीक्षान्त समारोह) के तीसरे दिन वल्लभभाई पटेल ने भारत की ओर प्रस्थान किया। बृहस्पतिवार, 13 फरवरी, 1913 को वे बम्बई पहुँचे। 14 फरवरी को उन्हें अहमदाबाद पहुँचना था, अतः वे जहाज से उतरते ही सीधे बम्बई उच्च न्यायालय के सर्वोच्च न्यायाधीश सर बेसिल स्कॉट से भेंट करने चले गए। सर बेसिल के चचेरे भाई ने एक परिचय पत्र दिया था जिसमें वल्लभभाई की योग्यता और प्रतिभा की मुक्तकंठ से सराहना की गई थी।

वल्लभभाई को अपने भाई का मित्र जानकर सर बेसिल बहुत प्रसन्न हुए। उन्होंने पटेल का बहुत सम्मान किया। उन्होंने पटेल से कहा–"आप गवर्नमेंट लॉ स्कूल के जुडिशियल विभाग में प्राध्यापक का पद स्वीकार कर लें। परन्तु पटेल ने कहा–"नौकरी तो मैं कभी नहीं करूँगा।"

तब सर बेसिल ने कहा–"यदि आप प्रेक्टिस ही करना चाहें, तो बम्बई आपके लिए सबसे अच्छा स्थान है।"

परन्तु पटेल ने नम्रतापूर्वक बतलाया कि अहमदाबाद में प्रेक्टिस करने की इच्छा है।

अहमदाबाद में पटेल बन्धुओं का नाम तो पहले से ही जाना-माना था, अतः वल्लभभाई को वहाँ अपनी बैरिस्टरी जमाने में कुछ कठिनाई नहीं हुई और शीघ्र ही उनकी बैरिस्टरी चमक उठी। उनके कानून-सम्बन्धी ज्ञान की धाक सारे गुजरात में होने लगी और उनकी गणना प्रसिद्ध बैरिस्टरों में होने लगी।

श्री जी॰ वी॰ मावलंकर ने वल्लभभाई पटेल के तत्कालीन व्यक्तित्व की रूपरेखा,

इनकी सत्तरवीं वर्षगाँठ पर अपने एक लेख द्वारा इस प्रकार चित्रित की थी–

"बाँका जवान, ठेठ नये ढंग के काट वाले कोट-पतलून पहने हुए, ऊँचे-से-ऊँचे किस्म की बनावट का हैट ज़रा टेढ़ा रखा हुआ, सामने वाले आदमी को देखते ही भाँप जाने वाली तेजस्वी आँखें, बहुत कम बोलने की आदत, मुँह से ज़रा मुसकराकर मिलने आने वालों का स्वागत करें, परन्तु उनके साथ ज्यादा बातचीत में न पड़ें, मुखमुद्रा दृढ़ता-सूचक और गम्भीर, कुछ अपनी श्रेष्ठता के मान के साथ दुनिया को देखने वाली तीखी नज़र, जब भी बोलें तब उनके शब्दों में आत्मविश्वास और प्रभाव से भरी हुई दृढ़ता, दीखने में कठोर और सामने वाले मनुष्य को अपनी इज्ज़त करने के लिए मजबूर करने वाले–ऐसे ये नये बैरिस्टर अहमदाबाद में वकालत करने आए…"

अपनी ओर सबका का ध्यान खींचने वाला उनका प्रमुख गुण यह था कि अदालत के साथ उनका व्यवहार पूर्ण निर्ममता का रहता था। इसी गुण ने उन्हें समस्त वकील समुदाय का आदर-पात्र बना दिया था। जज को सभ्यता की मर्यादा के बाहर वे कभी तिल-भर भी नहीं जाने देते थे और इसी तरह अन्यायपूर्ण या अनुचित ढंग से कोई यदि मुद्दई या पुलिस के प्रति ज़रा भी झुकने लगे, तो वह बरदाश्त न करते थे। उन्हें हमेशा प्रतिवादी की तरफ से ही कोर्ट में आना होता था। उन्हें वकील बनाकर उनके मुवक्किलों को निश्चिन्तता रहती थी। वे अदालत और मुद्दई को उचित मर्यादा में रखते थे। कभी जज को, मुद्दई पक्ष को या पुलिस को, उसकी बात या रवैया ज़रा भी अनुचित होता तो फड़कने नहीं देते थे और जैसा हो, वैसा मुँह पर कह देते थे। 1913-14 में इस किस्म का रवैया रखने में कितनी मुश्किलें आती थीं, इसकी कल्पना आजकल के जवान वकीलों को होना कठिन है। आज तो अधिकारियों के प्रति आदर और सभ्यता की कल्पनाओं के बारे में लोगों में और वकीलों में बहुत भारी परिवर्तन हो गया है। उन दिनों सभ्यता और आदर का अर्थ यही माना जाता था कि खुशामद की जाए और झुककर रहा जाए। सरदार उस वक्त भी इन चीज़ों से परे थे और किसी जज की तेजी या मनमानी की आलोचना करने या उसकी कलई खोल देने से उस

जज के सामने अपनी प्रेक्टिस को धक्का लग जाएगा, इस डर से वे कभी नहीं डरते थे और अन्याय को कभी बरदाश्त नहीं करते थे। इस प्रकार लोगों और वकीलों के स्वाभिमान के वे जबरदस्त रक्षक बनकर रहते थे।'' [नरहरि द्वा. पारीख द्वारा लिखित तथा श्री रामनारायण चौधरी द्वारा अनूवादित 'सरदार वल्लभभाई पटेल' पुस्तक से उद्धृत]

सन् 1915 तक वल्लभभाई ने फौजदारी वकील (Criminal Lawyer) के रूप में बहुत ख्याति अर्जित कर ली थी।

उधर बम्बई में विट्ठलभाई पटेल को भी कीर्ति के साथ-साथ प्रचुर धन की प्राप्ति होने लगी थी। धन-सम्पत्ति से भरपूर होने पर वे अपना कुछ-न-कुछ समय सामाजिक कार्यों में भी लगाने लगे। देश-सेवा की ओर भी उनका ध्यान गया।

कीर्तिबाल सिन्हा ने लिखा है–''उस समय वल्लभभाई पटेल पाश्चात्य वेशभूषा तथा आचार-विचार के पक्षपाती थे और भारतीयों की पिटी-पिटाई प्रणाली से रहने का मज ाक उड़ाते थे।'''उन दिनों गाँधी जी अभी अफ्रीका से आए ही थे और उन्होंने अपना प्रधान कार्यालय अहमदाबाद को ही बनाया था। वे अहमदाबाद के आसपास के लोगों में यह प्रचार करते थे कि किस प्रकार अहिंसात्मक ढंग से भारतवर्ष को अंग्रेज़ों की गुलामी से मुक्त किया जा सकता है। जनता गाँधी जी के विचारों की हँसी उड़ाती थी।''

सन् 1915 में ये 'गुजरात सभा'* के सदस्य बने और सामाजिक कार्यों में इनकी कुछ प्रवृत्ति हुई। उधर विट्ठलभाई पटेल ने देश-सेवा को ही अपने जीवन का उद्देश्य बनाने का निश्चय कर लिया। उन्होंने तय कर लिया कि वह वकालत छोड़ देंगे और अपना सारा समय देश की स्वाधीनता के आन्दोलन में लगाएँगे।

तब एक दिन दोनों भाइयों ने निश्चय किया कि छोटा भाई घर सँभाले और बड़ा भाई देश के लिए अपना जीवन अर्पित करे। विलायत जाने के समान ही लोक-सेवा के मार्ग में भी अग्रज विट्ठलभाई ही अग्रणी रहे।

---

* 1919 में 'गुजरात सभा' ही 'गुजरात प्रान्तीय कांग्रेस कमेटी' के रूप में परिवर्तित हुई।

वल्लभभाई ने अग्रज की आज्ञा शिरोधार्य की और भाई की त्याग-भावना का उन पर भी प्रभाव पड़ा।

1917 में वल्लभभाई पटेल अहमदाबाद नगर पालिका के सदस्य चुने गए। इस चुनाव के विरुद्ध चुनौती दी गई और याचिका स्वीकार करके चुनाव रद्द कर दिया गया। परन्तु तब तक विभिन्न संस्थाओं के माध्यम से उनका व्यक्तित्व प्रकाश में आ चुका था। जब उपचुनाव हुआ, तो वे प्रत्याशी के रूप में पुनः चुनाव में खड़े हुए। उनके प्रखर व्यक्तित्व के विरुद्ध किसी को खड़े होने का ही साहस न हुआ और वे निर्विरोध चुन लिए गए।

इन्हीं दिनों 'गुजरात प्रान्तीय कांफ्रेंस' के प्रथम अध्यक्ष मोहनदास करमचन्द गाँधी चुने गए। उन्होंने एक कार्यकारिणी समिति नियुक्त की। सरदार पटेल इस समिति के सचिव बनाए गए। गाँधी जी के व्यक्तित्व में अद्भुत सम्मोहन शक्ति थी, जिसके द्वारा लोग धीरे-धीरे उनकी ओर आकर्षित होते चले आते थे, जैसे चुंबक को लोहा खींचता चला आता है। गाँधी जी में जो अपूर्व आत्मविश्वास था, वल्लभभाई पटेल पर उसकी गहरी छाप लगी। पटेल गाँधीजी के कार्यक्रमों की उन्मुक्त कंठ से प्रशंसा करने लगे। अपने विचारों को कार्यान्वित करने के लिए गाँधी जी ने जो कार्यक्रम निर्धारित किया उससे पटेल अत्यधिक प्रभावित हुए। फलतः उन्होंने गांधी जी के साथ मिलकर देश-सेवा का कार्य करने का निर्णय किया।

पटेल का गांधी जी से मिलन देशहित में अत्यन्त उपयोगी सिद्ध हुआ। उस दिन वल्लभभाई ने गाँधी जी को अपने आवास पर भोजन के लिए आमंत्रित किया। गाँधी जी, कुमारप्पा एवं वल्लभभाई भोजन करने बैठे। गांधी जी भोजन में नीम की चटनी लेते थे। बातों ही बातों में उन्होंने एक चम्मच चटनी कुमारप्पा की थाली में भी डाल दी। वल्लभभाई ने यह देखा तो उन्होंने मनोविनोद किया। वह कुमारप्पा से बोले, "अब तक तो बापू बकरी का दूध ही सेवन करते थे। लेकिन अब तो वह बकरी का चारा (नीम) भी खाने लगे हैं।"

उन दिनों बिहार में चम्पारन आन्दोलन की धूम मची हुई थी। बिहार में अंग्रेज नील की खेती करने वाले किसानों का जबरदस्त आर्थिक शारीरिक

शोषण करते थे। गाँधी जी को यह पता चला तो वह चम्पारन पहुँचे। अंग्रेज जिला अधीक्षक ने उन्हें वहाँ से तुरन्त लौटने का फरमान सुना दिया। पर गाँधी जी ने उसके फरमान को नहीं माना। वल्लभभाई को इस घटना से बहुत अधिक प्रेरणा मिली। वल्लभभाई ने गुजरात के गाँवों में भी बेगारी प्रथा को देखा तो उसने खिलाफ आन्दोलन चलाने के लिए सोचने लगे। गाँधी जी को एक ऐसे प्रचण्ड कार्यकर्ता की नितान्त आवश्यकता थी, जो उनके विचारों तथा सिद्धान्तों को कार्यरूप में परिणत कर सके। प्रतिदिन के कार्यों की व्यवस्था तथा देखभाल करने के लिए उन्हें एक अथक कार्यकर्ता की आवश्यकता थी और पटेल से अधिक योग्य एवं कार्यकुशल सेनानी उन्हें संभवतः अन्य कोई नहीं मिल सकता था। पटेल पर गाँधी जी का ऐसा प्रभाव पड़ा कि उस दिन से लेकर जीवन-पर्यन्त वे गाँधी जी द्वारा संचालित प्रत्येक कार्यक्रम तथा प्रत्येक आन्दोलन में सम्पूर्ण उत्साह से सम्मिलित होते रहे और उनके आदेश पर वल्लभभाई बड़े से बड़ा त्याग करते रहे।

सबसे पहले तो वल्लभभाई ने अपनी वेशभूषा को बदल डाला। वे खादी की धोती और कुर्ता पहनने लगे। कुर्ते के ऊपर बंडी और कंधे पर चादर धारण करने लगे और पैरों में चप्पल। रहन-सहन और खान-पान में भी परिवर्तन कर दिया। अब वे पूरी तरह स्वदेशी बन गए थे और इस स्वदेशी व्रत का उन्होंने आमरण परिपालन किया।

चम्पारन (बिहार) के सत्याग्रह में जब गाँधी जी के सत्याग्रह की विजय हुई, तो पटेल के मन में सत्याग्रह की शक्ति पर अटूट विश्वास जम गया।

❑

7. सरकार पर भारी

और एक दिन वल्लभभाई पटेल सरकार से टकरा गए।

सरकार ने म्युनिसिपल एक्ट में इस आशय का एक संशोधन किया था। अधिक जनसंख्या वाले नगरों की नगरपालिकाओं को म्युनिसिपल कमिश्नर के रूप में एक सिविलियन अधिकारी रखना होगा, यह अफसर कलेक्टर अथवा कमिश्नर के दर्जे का होगा।

इस प्रकार नगरपालिकाओं के रूप में सरकार ने एक हाथ से जो अल्प स्थानीय शासन का अधिकार जन-प्रतिनिधियों को दिया था, उसे इस संशोधन द्वारा दूसरे हाथ से छीन लिया था। सभी म्युनिसिपल जन प्रतिनिधियों को म्युनिसिपल कमिश्नर के नियन्त्रण में रहकर काम करना पड़ता था। इसके विरोध में जन-प्रतिनिधियों ने एक प्रस्ताव पास किया, परन्तु सरकार के कानों पर जूँ न रेंगी। अहमदाबाद म्युनिसिपल कमेटी पर मि॰ शिलिडी नामक व्यक्ति म्युनिसिपल कमिश्नर के रूप में थोप दिया गया। शिलिडी अभिमानी, कठोर, निर्दयी तथा उच्छृंखल अफसर था। उसने आते ही सदस्यों को दबाना आरम्भ किया। उस समय अहमदाबाद म्युनिसिपल बोर्ड में चालीस सदस्य थे तथा उसकी व्यवस्थापिका समिति के अध्यक्ष सर रमनभाई थे।

वल्लभभाई पटेल ने सदस्य बनते ही अल्पकाल में म्युनिसिपल कानूनों का गम्भीर अध्ययन किया। उसके बाद कागज-पत्रों की छानबीन की और उसके आधार पर एक लम्बा प्रस्ताव तैयार किया जिसमें युक्ति-प्रमाणों से

सिद्ध किया गया था कि मि॰ शिलिडी म्युनिसिपल कमिश्नर के पद के सर्वथा अयोग्य हैं। उनका रवैया ठीक नहीं है और जनता उनसे तंग आ गई है। वह म्युनिसिपैलिटी के बहुमूल्य अधिकारों की रक्षा करना अपना कर्तव्य नहीं समझते, बल्कि व्यक्तिगत स्वार्थ के सामने सार्वजनिक हितों को गौण स्थान देते हैं। और उनका उद्धृत जवाब इनके निराधार आक्षेप और कौंसिलरों के प्रस्ताव की हँसी उड़ाने की उनकी आदत संगठन की एकरागता के लिए हानिकारक ही नहीं, बल्कि असन्तोष और बेमेल पैदा करने वाले हैं।''

....''ऐसे हालात में म्युनिसिपैलिटी का काम मिल-जुल कर हो इसके लिए यह निश्चय करना बोर्ड के लिए यह लाज़िमी हो जाता है कि मि॰ शिलिडी इस म्युनिसिपैलिटी के म्युनिसिपल कमिश्नर के पद पर नहीं बने रह सकते, यह स्पष्ट है। इसलिए बोर्ड अध्यक्ष महोदय से प्रार्थना करता है कि म्युनिसिपैलिटी की शासन रिपोर्ट सरकार को भेजी जाए, तब उसके साथ इस प्रस्ताव की नकल भी भेज दी जाए।''

पटेल के पहले ही धक्के ने सरकार को विवश कर दिया कि वह मि॰ शिलिडी को वापस बुला ले। परिणामतः सरकार ने उन्हें वापस बुलाकर उनके स्थान पर मि॰ मास्टर को भेजा। यह स्वभाव तथा बोलचाल में नम्र थे, किन्तु काम में सर्वथा शिथिल थे। उन्होंने आते ही वेतन के अलावा कुछ भत्तों की माँग कर दी। वल्लभभाई ने इसका जो उत्तर दिया था, वह इस प्रकार था–

''सरकार ने वेतन आदि तय करके ही उनकी नियुक्ति की और उन्हें यहाँ भेजा है। यदि उन्हें ठीक लगता है, तो रहें नहीं तो चले जाएँ।''

अन्त में सरकार को बाध्य होकर मि॰ मास्टर को भी वापस बुलवाना पड़ा।

उत्तरी विभाग के कमिश्नर मि॰ प्रैट का मत था कि प्रत्येक सिविलियन अफसर गोरा ही होना चाहिए, चाहे वह हेल्थ अफसर हो या म्युनिसिपल इंजीनियर। उन्हीं दिनों अहमदाबाद में म्युनिसिपल इंजीनियर का पद रिक्त हुआ। इस पद के लिए दो भारतीय प्रत्याशी थे, जो इस पद के योग्य थे। उन्हीं में से किसी एक को चुना जा सकता था, किन्तु प्रैट ने कूटनीति से मेकासे

नामक अंग्रेज को म्युनिसिपल इंजीनियर के रूप में थोप दिया। यह सर्वथा अयोग्य व्यक्ति था। पानी की कमी से अहमदाबाद में हाहाकार मच गया, किन्तु मेकासे पानी की सप्लाई में कुछ भी सुधार न कर सका।

गुजरात सभा ने एक बैठक बुलाई। गाँधी जी इसके सभापति थे। उस बैठक में एक प्रस्ताव पास किया गया तथा जल सप्लाई की स्थिति में सुधार करने की अपील की गई। इसकी एक-एक प्रति म्युनिसिपल बोर्ड के अध्यक्ष, कलेक्टर तथा कमिश्नर को प्रेषित कर दी गई।

प्रस्ताव पढ़ते ही कमिश्नर का पारा चढ़ गया। उसने गुजरात सभा के प्रतिनिधियों को बुलवाया। गुजरात सभा के मंत्री शिवाभाई मोतीभाई पटेल तथा दादा साहब मावलंकर कमिश्नर के यहाँ जा पहुँचे। कमिश्नर ने अनर्गल प्रलाप किया।

परन्तु वल्लभभाई चुप बैठने वाले नहीं थे। उन्होंने चिट्ठी लिखकर मि॰ प्रैट को हिला दिया। मि॰ प्रैट ने सरकार को लिखा। सरकार ने अपने सलाहकार इंजीनियर मि॰ डायर को अहमदाबाद प्रेषित किया। दूसरे दिन कमिश्नर मि॰ प्रैट, सरकार के सलाहकार इंजीनियर मि॰ डायर तथा जल एवं सफाई समिति के अध्यक्ष वल्लभभाई पटेल नगर का निरीक्षण करने निकले। उन्होंने सारे नगर में घूम-घूम कर तथ्यों की जाँच की।

मि॰ प्रैट ने कहा–"मि॰ पटेल, स्थिति का मुकाबला करने का सबसे उत्तम उपाय यह है कि आपकी समिति म्युनिसिपल इंजीनियर के साथ सहयोग करे।"

वल्लभभाई ने बीच में ही रोककर कहा–"उत्तम उपाय तो इस (मि॰ मेकासे, जो पास ही खड़े थे, की तरफ इशारा करके) नालायक आदमी को नौकरी से निकाल देना है। आपने इसे म्युनिसिपैलिटी के सिर पर थोप दिया है। म्युनिसिपल इंजीनियर ने मेरी कमेटी से क्या कहा जो हमने नहीं किया?"

थोड़े ही दिनों बाद सरकार ने मि॰ मेकासे को भी वापस बुला लिया। सरकार जनता की माँग के आगे झुकी और पटेल का यश चारों ओर फैल गया और उनकी योग्यता तथा दृढ़ता की सभी जगह चर्चा होने लगी। वस्तुतः कर्तृत्वशून्य तथा अयोग्य व्यक्ति को बरदाश्त करना वल्लभभाई पटेल के

स्वभाव में ही नहीं था।

वल्लभभाई पटेल ने अहमदाबाद म्युनिसिपल बोर्ड की 'सफाई समिति' के अध्यक्ष के रूप में कई प्रकार से नगर को साफ बनाने का प्रयत्न किया, परन्तु सरकार की हठधर्मी सदा ही इनके मार्ग में बाधक हो जाती थी। इन्हें यह देखकर आश्चर्य होता था कि नगर निवासी इतनी गन्दगी सहन कैसे कर लेते हैं। नगर में जब प्लेग की महामारी फैल गई, तो पटेल ने सेवा का मार्ग चुना। नगर के बड़े-बड़े लोग, यहाँ तक कि बहुत-से नगर-पालिका सदस्य भी नगर छोड़कर आ गए, किन्तु पटेल ने वहीं डटे रहना उचित समझा। कायरता से उन्हें घृणा थी और मौत की कभी परवाह नहीं करते थे। प्लेग-पीड़ितों की सेवा के लिए वे दिन-रात दौड़-धूप करते रहते थे। उन्होंने म्युनिसिपैलिटी के स्वच्छता के कई नियमों का कड़ाई से पालन कराया, जो अब तक कभी अमल में नहीं लाए गए थे।

अपना वकालत का काम और नगरपालिका का काम करने के साथ-साथ 'गुजरात सभा' के मंत्री होने के नाते, इन्हें उसकी भी सारी व्यवस्था करनी पड़ती थी। गाँधी जी ने इस सभा के लिए तीन नियम बनाए थे–

1. प्रत्येक भाषणकर्ता या तो हिन्दी में भाषण देगा या गुजराती में।

2. किसी भी प्रस्ताव में ब्रिटिश साम्राज्य के प्रति वफादारी प्रकट नहीं की जाएगी।

3. परिषद की कार्य समिति वर्ष-भर कार्य करेगी, जब तक कि दूसरे वर्ष नई परिषद नहीं चुनी जाती।

गोधरा परिषद में बेगार-प्रथा-उन्मूलन का निश्चय किया गया था। नरहरि पारीख के शब्दों से तत्कालीन बेगार-प्रथा की अमानुषिकता पर अच्छा प्रकाश पड़ता है–

''जब सरकारी अफसरों का गाँवों में मुकाम होता था, तब गाँव के कुम्हार, नाई वगैरह लोगों को अफसर तथा उनकी कचहरी के आदमियों की तमाम सुविधाओं के लिए अलग-अलग काम मज़बूरन करने पड़ते थे और

उसके लिए पूरे दाम नहीं मिलते थे और कई बार तो बिल्कुल नहीं मिलते थे। बढ़ई को साहब के तम्बू खड़े करने के लिए लकड़ी की खूँटियाँ तैयार करके देनी पड़ती थीं, कुम्हार को मिट्टी के बर्तन मुहैया करके देने पड़ते थे और पानी भरना पड़ता था, नाई को बुहारने-झाड़ने और दीया-बत्ती का काम करना पड़ता था, सफाईकर्मी को सफाई और संदेश पहुँचाने का काम करना पड़ता था, गाँव के बनिये को जो चाहिए सो खाद्य सामग्री जुटा कर देनी होती थी। जब साहब का डेरा एक गाँव से उठकर दूसरे स्थान पर जाता, तब किसानों को तमाम सामान पहुँचाने के लिए गाड़ियाँ जोतनी पड़ती थीं। इस प्रकार गाँव के हरएक आदमी को कुछ-न-कुछ काम करना पड़ता था। इन सब बातों की व्यवस्था गाँव का मुखिया पटेल करता था। जब तक साहब का डेरा रहता, तब तक उसे उनके चौकीदारों की हाजिरी में खड़े रहना पड़ता था और साहब के सिवा सरिश्तेदार कारकुनों की लल्लो-चप्पो भी करनी पड़ती थी। इन तमाम कामों का उचित मेहनताना और दी गई खाद्य-सामग्री का उचित मूल्य शायद ही मिलता था। तमाम लोगों को डेरे पर कई दिनों तक घंटों बेकार वक्त खोना पड़ता सो अलग।''

बेगार-प्रथा को असह्य जानकर परिषद ने अपनी एक आपातकालीन बैठक बुलाई, जिसमें बेगार-प्रथा विरोधी आन्दोलन चलाने का सर्वसम्मति से निर्णय किया गया।

जब बेगार-प्रथा-विरोधी प्रस्ताव मि॰ प्रेट को भेजा गया, तो उसने उसे रद्दी की टोकरी में फेंक दिया। फिर दूसरा पत्र भेजा गया जिसमें पहले पत्र की याद दिलाई गई थी तथा उसकी एक प्रति संलग्न की गई थी।

मि॰ प्रैट ने उसे भी फाड़कर रद्दी की टोकरी में फेंक दिया। तब वल्लभभाई पटेल ने 'गुजरात सभा' के मंत्री की हैसियत से तीसरा पत्र लिखा जिसका आशय इस प्रकार था—

''परिषद की दृष्टि में बेगार-प्रथा अवैध है। इसकी सूचना परिषद द्वारा पारित प्रस्ताव सहित सरकार को प्रेषित की जा चुकी थी। किन्तु घोर दुःख से कहना पड़ता है कि दो पत्रों में से एक का भी उत्तर अभी तक

परिषद को प्राप्त नहीं हुआ। अतएव परिषद द्वारा यह निर्णय किया गया है कि आज से दस दिनों के अनन्तर बेगार की प्रथा को पूरी तरह कानून-विरुद्ध घोषित करने के लिए परिषद एक परिपत्र प्रकाशित करेगी। इसमें यदि आपको किसी प्रकार की आपत्ति हो, तो दस दिनों के भीतर ही आप अपना सुझाव प्रेषित कर दें।''

इस पत्र को पाकर मि॰ प्रैट गहरे सोच में पड़ गया। उसे सूझ नहीं रहा था कि क्या करे और क्या न करे। बहुत विचार-विमर्श के उपरान्त उसने एक निश्चित तिथि को वल्लभभाई को आमन्त्रित किया।

वल्लभभाई ने लिखा–''मैं मिलने क्यों आऊँ? हाँ, आप मिलना चाहें, तो आ सकते हैं।''

जब प्रैट न आया और दस दिन की अवधि व्यतीत हो गई तो गुजरात के कोने-कोने में 'गुजरात सभा' की ओर से परिपत्र बँटवाकर घोषणा कर दी गई कि बेगार की प्रथा अवैध है–गैर-कानूनी है और किसी भी अफसर को, चाहे वह कितना ही बड़ा हो, बेगार लेने का कोई हक नहीं और आगे से जनता खुले रूप में और डटकर इस अन्यायपूर्ण तथा अमानुषिक प्रथा का विरोध करे। कोई भी व्यक्ति बेगार के लिए बाध्य किए जाने पर ऐसा गैर-कानूनी हुक्म मानने से इनकार कर दे।

इस परिपत्र ने गुजरात की सम्पूर्ण जनता को झिंझोड़कर जगा दिया। घर-बाहर, गली-कूचे, बाजार-मंडी, दफ्तर-कचहरी–सर्वत्र इसी बात की चर्चा होने लगी। लोग घूम-घूम कर इस अमानुषिक प्रथा के विरुद्ध विचार फैलाने लगे।

गाँधी जी को जब यह सूचना मिली, तो उन्होंने वल्लभभाई के नाम बधाई का पत्र भेजा तथा अपनी हार्दिक प्रसन्नता प्रकट की। साथ ही उनके इस मोरचे की सफलता की कामना प्रकट की।

गुजरात की जनता के मन से अंग्रेजी शासन के आतंक को समाप्त करने में इस आन्दोलन को ही श्रेय प्राप्त हुआ।

❑

8. सरकार झुकाई

सन् 1917 में इतनी अधिक वर्षा हुई कि जगह-जगह बाढ़ आ गई। अतिवृष्टि के कारण खड़ी फसल नष्ट हो गई। वर्षा के बाद रबी की फसल बोई गई, परन्तु उसमें चूहे लग गए। परिणाम यह हुआ कि किसानों की दशा दयनीय हो गई।

अंग्रेज़ तो इस देश में खून चूसने के लिए सरकार बनाकर बैठे थे, फिर दया और सहानुभूति क्यों दिखलाते?

सरकार ने लगान-वसूली की घोषणा कर दी। खेड़ा जिले के किसानों ने इसका विरोध किया, परन्तु सरकार की ओर से कड़ाई के आदेश दिए गए। खेड़ा जिले के कठवाल ग्राम के निवासी श्री मोहनलाल पंड्या, जो बंगभंग के दिनों में क्रान्तिकारियों की काफी मदद कर चुके थे, किसानों में घूम-घूम कर लगानबन्दी (कर न देने) का प्रचार करने लगे।

उन दिनों गाँधी जी चम्पारन (बिहार) सत्याग्रह में लगे हुए थे। उन्हें सरकार द्वारा गुजरात के किसानों पर किए जानेवाले घोर अत्याचारों से अवगत कराया गया।

गाँधी जी ने तुरन्त अहमदाबाद पहुँचकर 'गुजरात-सभा' की कार्यकारिणी समिति की आपातकालीन बैठक बुलाई। बैठक में प्रस्ताव पास किया गया–

''खेड़ा जिले के अलग-अलग स्थानों से पूछा जा रहा है कि लगान मुलतवी रहने के आन्दोलन के बारे में क्या हुआ और माल विभाग की तरफ

से लगान के लिए जो ताकीद हो रही है, उस बारे में क्या किया जाए? इस सम्बन्ध में यह बताया जाता है कि बम्बई सरकार की तरफ से भी अभी तक जवाब नहीं मिला है। इसलिए जब तक बम्बई सरकार का आखिरी निश्चय न मालूम हो जाए, तब तक यही ठीक है कि जिनकी फसल बिल्कुल न आई हो, वे अभी इन्तजार करें और लगान देना मुलतवी रखें।"

मि॰ प्रैट ने घोषणा की कि गुजरात सभा की कार्यसमिति का प्रस्ताव गैर-कानूनी है। ये लोग किसानों को गुमराह कर रहे हैं।

22 मार्च, 1918 को एक विशाल किसान-सभा में भाषण करते हुए गाँधी जी ने कहा–

"...जब तक सरकार हमारी माँग स्वीकार न करे, सरकार से कह देना चाहिए कि तब तक हम लगान नहीं देंगे और उसके लिए हमें जो भी कष्ट सहन करना पड़ेगा उसके लिए हम तैयार हैं।"

एक सत्याग्रह-संग्राम का प्रतिज्ञा-पत्र तैयार किया गया और उस पर सहस्त्रों मनुष्यों ने अपने हस्ताक्षर किए।

उधर सरकार ने पुलिस के ज़ोर पर कठोरता से लगान की वसूली शुरू कर दी। खास अफसर तैनात किए गए। लगान न देने पर ज़मीन ज़ब्त करने की घोषणा कर दी गई। बड़े-बड़े किसानों से फसल का चौथाई वसूल किया जाने लगा। बहुत से किसानों की खड़ी फसल की कुर्की की गई, परन्तु किसान अपने प्रण पर अडिग रहे। खुशी से लगान देने वाला एक भी किसान सामने न आया। तब सरकार ने दमनचक्र तेज़ कर दिया। मवेशियों की कुर्की, स्त्रियों का अपमान आदि अमानुषिक कृत्य किए जाने लगे।

वल्लभभाई ने किसानों के नाम जो सन्देश दिया, उसका मुख्य अंश इस प्रकार था–

"...जैसे-जैसे लड़ाई लम्बी होती जा रही है वैसे-वैसे लोगों की परीक्षा होती है। अगर दुःख उठाने का मौका ही न आया होता, तो प्रजा को यह लाभ न मिलता। सत्ता के जोर पर साहबी करने वाले अफसरों को आज गाँवों में कोई सत्कार करने वाला नहीं मिलता है। मुँहमाँगी चीज़ें मुफ्त पाने वालों

को दाम देने पर भी ज़रूरी वस्तुएँ नहीं मिलतीं··· रैयत के पक्ष में सत्य है, यह उनके हृदय में झाँकी हुई मालूम होती है। परन्तु आजकल की प्रचलित शासन-पद्धति से वे मज़बूर हैं। ऐसी कठिन परिस्थिति में वे कभी मर्यादा छोड़ दें, क्रोध करें तो भी यह ज़रूरी है कि हम मर्यादा न छोड़ें और उन पर रोष न करें, बल्कि दया करें और शान्ति रखें। कठोर-से-कठोर हृदय को भी प्रेम से वश में किया जा सकता है और सामने वाले की कठोरता के मुकाबले में हमारा प्रेम उतना ही सबल हो, तो हम ज़रूर जीत सकते हैं। सत्याग्रह की लड़ाई का यही रहस्य है···''

तब कलेक्टर ने सुझाव भेजा–''यदि अच्छी आर्थिक दशा वाले किसान लगान चुका दें, तो निर्धन लोगों का लगान स्थगित किया जा सकता है।''

वल्लभभाई ने इसके उत्तर में जो पत्र लिखा, उसका आशय इस प्रकार था–

''यदि लगान मुल्तवी करने की आज्ञा समस्त खेड़ा जिले के लिए जारी कर दी जाए और चौथाई आदि दण्ड माफ कर दिया जाए, तो हमारे लिए संघर्ष करने का कोई कारण नहीं रह जाता।''

अन्त में सरकार को शत-प्रतिशत झुकना पड़ा और उसने 'गुजरात सभा' की तमाम माँगें मान लीं।

वल्लभभाई पटेल में अद्‌भुत संगठन शक्ति थी। कार्यकर्ताओं को एकत्र कर वे उनमें पहले सैनिक-सुलभ अनुशासन पैदा करते थे, फिर उनके हृदयों में कर्तव्य और उत्तरदायित्व की भावनाएँ भर देते थे और तब कहीं निर्दिष्ट काम में उन्हें नियोजित करते थे। इस प्रकार तैयार किए हुए कार्यकर्ताओं के बल पर वह काम करते और शत-प्रतिशत सफलता प्राप्त करते थे। उनमें फौजी स्पिरिट थी। स्वयं भी घोर कर्मठ थे और अपने सहयात्रियों से भी कर्मठ बनने की अपेक्षा रखते थे।

खेड़ा किसान आन्दोलन के दौरान गाँधी जी ने एक बार कहा था– ''मैं पटेल की परीक्षा कर रहा हूँ।''

और जब इस आन्दोलन में वल्लभभाई के नेतृत्व में जनता की शत-प्रतिशत विजय हुई, तो गाँधी जी ने कहा था–''पटेल खरा सोना सिद्ध हुए हैं। यदि वल्लभभाई मुझसे न मिले होते तो जो काम हुआ है, वह हरगिज न होता मुझे इन भाई से इतना शुभ हुआ है।''

❐

9. वकालत छोड़, देशसेवा का व्रत

प्रथम महायुद्ध के दिनों में गाँधी जी ने ब्रिटिश सरकार की सहायता करने का निश्चय किया था और भारतीयों से कहा था कि वे ब्रिटिश सरकार की भारतीय सेना में अधिक से अधिक भरती हों। वल्लभभाई पटेल ने इसमें गाँधी जी का साथ दिया था। परन्तु भारत के सपूतों ने जिस अंग्रेजी सरकार के लिए अपने प्राणों की बलि दी, उसके प्रतिफलस्वरूप सरकार ने भारतवासियों को रौलट एक्ट दिया। अंग्रेजी सरकार ने 1918 ई. में सर सिडनी रौलेट की अध्यक्षता में एक समिति बनाई। समिति ने 10 अप्रैल, 1918 को अपनी रिपोर्ट दी। रिपोर्ट में कहा गया, "एक ऐसा कानून बनाने की जरूरत है, जो युद्ध के बाद भारत रक्षा कानून के लिए मददगार हो और कानूनों में ऐसे स्थायी बदलाव हों जिससे राजनीतिक आन्दोलनों से आसानी से निबटा जा सके।"

6 फरवरी, 1919 ई. को इस बिल को विलियन विंसेंट ने कौंसिल में प्रस्तुत किया। भारतीय नेताओं ने इसके खिलाफ घोर प्रतिक्रिया व्यक्त की। कांग्रेस ने इसे 'अति प्रतिक्रियावादी' कहा। तमाम विरोधों के बावजूद बिल पारित हो गया, इसका समय तीन वर्ष तय किया गया था।

उसका विरोध करने पर मार्शल लॉ लागू किया और रौलट एक्ट के विरोध में 30 मार्च, 1919 को सार्वजनिक हड़ताल करने का निर्णय किया गया। अंग्रेज सरकार ने एक कानून बनाया। कानून के अनुसार सरकार बिना

मुकदमा चलाए किसी भी ऐसे व्यक्ति को कैद कर सकती थी, जो सरकार का विरोध करता हो। इसे रौलेट एक्ट नाम दिया गया। इस एक्ट के खिलाफ गाँधी जी तथा वल्लभभाई पटेल आदि नेताओं ने संघर्ष छेड़ दिया। सारे भारत में इसको लेकर धरना-प्रदर्शन आदि के कार्यक्रम हुए। बाद में तारीख बदल दी गई। 6 अप्रैल, 1919 को देश-भर में हड़ताल हुई।

अहमदाबाद में इस एक्ट के खिलाफ वल्लभभाई के नेतृत्व में हड़ताल हो रही थी। हड़ताल को विफल करने के लिए अंग्रेज सरकार ने दंगे-फसाद करा दिए। इससे दिल्ली हिल उठी। दिल्ली में आर्यसमाज के प्रसिद्ध नेता एवं गुरुकुल कांगड़ी विश्वविद्यालय, हरिद्वार के संस्थापक स्वामी श्रद्धानन्द ने इस एक्ट के विरोध में रैली निकाली। अंग्रेज सरकार के नुमाइंदों ने आन्दोलनकारियों को रैली रोकने के लिए कहा, इसे न मानने पर गोलियाँ चलाने की धमकी दी।

स्वामी श्रद्धानन्द ने अंग्रेज सैनिकों को ललकारा, "सबसे पहले मुझ पर गोलियाँ चलाओ, यह रैली नहीं रुकेगी।" यह कहते हुए स्वामी जी आगे आए। गोरे सैनिकों की संगीनें नीचे हो गईं। स्वामी जी ने हिन्दू-मुसलिम एकता को लेकर जामा-मसजिद की गुम्बद से विशाल जनसभा को संबोधित किया। स्वामी जी ने कहा, "रौलेट एक्ट लाकर अंग्रेज सरकार हम भारतीयों का दमन करना चाहती है। पर अब हम सब ऐसा नहीं होने देंगे। हम स्वतंत्र होने के लिए संघर्ष करते रहेंगे।" आम जनता ने जयघोष के साथ उनकी बातों का समर्थन किया।

यह समाचार पूरे देश में फैल गया। गाँधी जी दिल्ली जाना चाहते थे। परन्तु अंग्रेज सरकार डर गई और उसने उन्हें जेल में डाल दिया। देश के कई हिस्से में अंग्रेजों ने दंगे-फसाद करा दिए। अहमदाबाद भी इससे अछूता नहीं रहा। वल्लभभाई दंगों को रोकना चाहते थे। पर पुलिस ने उनके घर को चारों ओर से घेर लिया।

इस एक्ट के खिलाफ 13 अप्रैल, 1919 को अमृतसर स्थित जलियाँवाला बाग में सभा हो रही थी। हजारों लोग जमा थे और नेताओं की बात सुन रहे थे। उसी समय जनरल डायर ने निर्दोष जनता पर गोलियाँ चलाने का

हुक्म दे दिया। हजारों निर्दोष भारतीय इसमें मारे गए। इसका पूरी दुनिया में घोर विरोध हुआ।

वल्लभभाई अपने विचारों को जन-जन तक पहुँचकर उनसे अंग्रेजों के खिलाफ चल रहे संघर्ष में सहयोग चाहते थे। वह दंगों को रोकने के लिए अहमदाबाद का दौरा करना चाहते थे। पर सरकार ने उन्हें घर से ही निकलने का मौका नहीं दिया।

उस समय वल्लभभाई अहमदाबाद म्युनिसिपल बोर्ड की प्रबन्ध समिति के अध्यक्ष थे। उन्होंने रौलट बिल के विरुद्ध आन्दोलन संगठित किया, क्योंकि भारतीय नेता रौलट एक्ट को आजादी के रास्ते में भारी रोड़ा समझते थे।

6 अप्रैल, 1919 को अहमदाबाद में विशाल जुलूस निकाला गया। इसका नेतृत्व वल्लभभाई ही कर रहे थे। इनका विराट जन-सभा में भाषण हुआ, जिसमें इन्होंने रौलट बिल की धज्जियाँ उड़ाईं। इन्होंने गाँधी जी की ज़ब्त हुई पुस्तकों–'हिन्द स्वराज्य' तथा 'सर्वोदय' की खुलेआम बिक्री की।

इसके बाद इन्होंने बिना डिक्लेरेशन के ही, गुजराती में 'सत्याग्रह पत्रिका' का प्रकाशन आरम्भ कर दिया। परन्तु पटेल का दबदबा इतना था कि जनता इनके इशारे पर कुछ भी करने को तैयार रहती थी, अतः सरकार को इनके विरुद्ध कुछ भी कार्रवाई करने का साहस न हुआ।

जब पटेल अपने भाषणों में सरकार के विरुद्ध निरन्तर आग उगलने लगे, तो एक दिन सरकार ने इन्हें 'कारण बताओ' नोटिस दिया कि उनकी वकालत करने की सनद क्यों न रद्द कर दी जाए।

बाद में सरकार ने 'भविष्य के लिए चेतावनी' देकर मामला समाप्त कर दिया।

उन्हीं दिनों अहमदाबाद नगर में भीषण दंगे हो गए। सरकार ने नागरिकों पर अंधाधुंध जुर्माने किए। पटेल पर भी 100 रुपये जुर्माना किया गया। उन्होंने जुर्माना देने से मना करते हुए कहा कि सरकार सबको एक समान समझती है। हारकर, इनका एक 'सोफा सेट' बेच कर सरकार ने 100 रुपये वसूल किए।

सन् 1920 में अहमदाबाद म्युनिसिपल बोर्ड के चुनाव में कांग्रेस दल की ओर से चुनाव अभियान का नेतृत्व पटेल को सौंपा गया। इनकी संगठन-शक्ति का ऐसा चमत्कार प्रकट हुआ कि कांग्रेस लगभग सारी सीटें जीत गईं।

एक दिन इनके अग्रज विट्ठलभाई पटेल ने कहा–"वल्लभ! मैं तुम्हारा अग्रज हूँ, अतः मुझको देश की सेवा करने दो और तुम परिवार को सँभालो।"

वल्लभभाई ने अग्रज की आज्ञा मान ली थी और अपने एक भाषण में कहा था–

"स्वतंत्रता चाहिए तो इस देश में संन्यासी होना चाहिए, स्वार्थ त्याग करके सेवा करनी चाहिए। इसलिए हम दोनों ने निश्चय किया कि दोनों में से एक देश-सेवा करे और दूसरा कुटुम्ब-सेवा करे। उस वक्त मेरे भाई ने इतना अच्छा चलता हुआ धन्धा छोड़कर देश-सेवा का काम शुरू कर दिया और घर का काम चलाने का भार मेरे सिर पर आया। इस प्रकार पुण्य कार्य उनके हिस्से में आया और मेरे सिर पर पाप का काम आ पड़ा। परन्तु यह समझकर मन को बहलाता था कि इनके पुण्य में मेरा भी हिस्सा है।"

परन्तु अब वल्लभभाई के लिए भी स्वयं कर्तव्य क्षेत्र में अवतीर्ण होने का समय आ गया था। उन्होंने पश्चिमी वेशभूषा का परित्याग कर दिया तथा खादी का धोती-कुर्ता और पैरों में चप्पल को अपना पहनावा बनाया।

उन्होंने अपने तमाम विदेशी कपड़े जला डाले। यही नहीं, उनके रहन-सहन, खान-पान तथा चाल-ढाल में भी भारी परिवर्तन आ गया। अब वे पूरी तरह गुजराती ढंग से जीवन व्यतीत करने लगे।

उन्होंने गुजरात के राजनीतिक कार्यकर्ताओं का एक सम्मेलन बुलाया। उसमें उन्होंने भाषण दिया तथा एक प्रस्ताव पास कराया, जिसमें गाँधी जी के 'सविनय अवज्ञा आन्दोलन' का जोरदार समर्थन करना स्वीकार किया गया।

इसी सम्मेलन में पटेल ने 'गुजरात विद्यापीठ' की स्थापना का प्रस्ताव रखा, जो सर्वसम्मति से स्वीकार किया गया।

गाँधी जी ने कांग्रेस के नागपुर अधिवेशन में 'तिलक स्वराज्य फंड' के लिए अपील निकाली। वल्लभभाई पटेल ने गुजरात प्रान्त में दस लाख रुपये

जमा करने तथा कांग्रेस के 3,00,000 सदस्य बनाने का वचन दिया। पटेल ऐसे दृढ़ इच्छा शक्ति के स्वामी थे कि उनका वचन कभी टल नहीं सकता था, किन्तु आश्चर्य की बात तो यह थी कि तीन मास के भीतर ही उन्होंने अपना वचन पूरा कर दिखलाया।

10 अगस्त, 1920 को गाँधी जी ने ब्रिटिश सरकार से पाए हुए तमाम तमगे, बोअर युद्ध पदक, जुलू वारमैडल, कैसरे हिन्द स्वर्ण पदक–वायसराय को लौटाते हुए लिखा कि भारत के साथ अंग्रेजों ने जो बरताव किया है, वह असह्य है और उसी के विरोधस्वरूप ये सब अलंकार वापस किए जा रहे हैं। इन्हें धारण करना अपने को कलंकित करना तथा अपने देश की जनता से द्रोह करना होगा।

इसके बाद गाँधी जी सत्याग्रह आन्दोलन चलाने की पूरी तैयारी करने लगे। 1920 में ही कलकत्ता कांग्रेस का विशेष अधिवेशन बुलाकर उसमें गाँधी जी ने असहयोग का प्रस्ताव रखा जो बहुमत से पारित हो गया। उसके बाद गाँधी जी ने सारे देश का दौरा करते हुए जनता को असहयोग का अर्थ समझाया और देश की आजादी के लिए जनता से त्याग करने की अपील की।

गाँधी जी ने जब सत्याग्रह का ऐलान किया, तो उन्होंने अपने अनुयायियों के नाम निम्नलिखित निर्देश जारी किए थे–

1. उपाधियों और अवैतनिक पदों का त्याग करना।

2. स्थानीय संस्थाओं के मनोनीत सदस्यों का अपने पदों से त्याग करना।

3. सरकारी दरबारों और उत्सवों में सम्मिलित नहीं होना और न सरकार द्वारा आयोजित या सरकारी अफसरों के सम्मान में आयोजित सरकारी उत्सवों में सम्मिलित होना।

4. सरकारी या सरकारी सहायता प्राप्त या सरकार द्वारा नियंत्रित स्कूलों और कॉलेजों का बहिष्कार।

5. वकीलों और बैरिस्टरों द्वारा सरकारी अदालतों का बहिष्कार।

6. सैनिकों, क्लबों और श्रमिकों द्वारा मेसोपोटामिया के लिए भरती से मनाही।

7. सुधारों द्वारा स्थापित होने वाली व्यवस्थायिक सभाओं का बहिष्कार।

8. विदेशी वस्तुओं का बहिष्कार।

9. सरकारी शिक्षण-संस्थाओं के बदले राष्ट्रीय स्कूलों और कॉलेजों की स्थापना।

10. सरकारी अदालतों के स्थान पर पंचायतों की स्थापना।

11. विदेशी बहिष्कार के साथ-साथ स्वदेशी वस्तुओं का प्रयोग। इसके लिए घर-घर में हाथ का काता और जुलाहों के हाथ से बुना कपड़े का प्रचार करना।

12. हिन्दू-मुसलिम एकता और अस्पृश्यता निवारण।

1921 में कांग्रेस के 36वें अधिवेशन में, जो अहमदाबाद में हुआ था, पटेल ने स्वागतकारिणी समिति के अध्यक्ष का पद सँभाला था। पहले-पहल कांग्रेस के डेलीगेट ज़मीन पर बैठे थे और सादगी, मितव्ययिता तथा व्यावहारिकता को कांग्रेस ने इसी दिन अपनाया था।

अधिवेशन के लिए साबरमती के तट पर जो स्थान नियत किया गया था, वहाँ पटेल ने 21 एकड़ भूमि में एक अस्पताल तथा एक प्रसूतिका-गृह बनवाया। वहाँ सरदार ने एक फव्वारा बनवाया।

जलियाँवाला बाग के भीषण हत्याकांड के बाद, गाँधी जी के आह्वान पर सरकार के न्यायालयों का बहिष्कार करने के उपक्रम में गुजरात में वल्लभभाई पटेल तथा विट्ठलभाई पटेल ने, पूना में नरसिंह चिन्तामणि केलकर ने, मध्यप्रान्त में अभयंकर तथा डॉ॰ भुंजे ने, बिहार में बाबू राजेन्द्र प्रसाद ने, मद्रास में चक्रवर्ती राजगोपालाचार्य, टी॰ प्रकाशन तथा सत्यमूर्ति ने, पंजाब में लाला लाजपतराय ने, यू॰ पी॰ में मोतीलाल नेहरू तथा जवाहरलाल नेहरू ने वकालत का परित्याग कर दिया और अन्य अनेक सुप्रसिद्ध वकीलों ने भी कचहरियों के बहिष्कार में इनका अनुकरण किया। इसके बाद ये सब स्वाधीनता-संघर्ष में ही पूरा समय लगाने लगे।

वल्लभभाई की प्रैक्टिस लाखों रुपये वार्षिक की थी। वकालत छोड़ने के बाद इन्हें आर्थिक संकट ने घेर लिया। अपनी पुत्री मणिबेन तथा पुत्र

डाह्याभाई को विलायत भेजने तथा ऊँची शिक्षा दिलाने के लिए सुरक्षित धनराशि रखी गई थी। परन्तु सरदार पटेल ने सोचा कि जिस देश के करोड़ों लोग रोटी को तरस रहे हैं, उस देश के चन्द लोगों को विदेशों में जाकर शिक्षा प्राप्त करने का कोई अधिकार नहीं।

❐

10. 'अधिक अन्न और चारा उपजाओ'

पंजाब हत्याकांड ने देश को झकझोर दिया। गाँधी जी ने सत्याग्रह का बिगुल बजा दिया। असहयोग की ज़ोर की आँधी चली। 1921 में सरदार पटेल को गुजरात प्रान्तीय कांग्रेस का अध्यक्ष बनाया गया। गुजरात में सरदार पटेल ने सत्याग्रह की ज्वाला तीव्र कर दी। गाँधी जी गिरफ्तार कर लिए गए। सरदार पटेल के प्रयत्नों से सारे गुजरात में स्वदेशी, चरखा और खद्‌दर की धूम मच गई।

सरदार ने अपने एक भाषण में कहा–

"...लोगों का गाँधी जी के प्रति प्रेम और उनके जेल जाने से स्वराज्य की जागृत भावना ही उनकी सबसे बड़ी पूँजी है। गाँधी जी की अहिंसा वृत्ति, उनका प्रेम, उनकी ममता, उनकी स्वराज्य की लगन और उनका अथक परिश्रम आँखों के सामने रखकर अगर वे दिन-रात मेहनत करेंगे और गांधी जी को तैयार करके दिया हुआ स्वराज्य का चतुर्विध कार्यक्रम पूरा करेंगे, तो वे अपनी तमाम गलतियों को दरकिनार करके गाँधी जी के नाम और अपनी वफादारी को उज्ज्वल करेंगे, इसमें संदेह नहीं है।"

गाँधीजी के परिवार के भरण-पोषण और सेवा का भार सरदार पटेल ने उठाया। बाद में जब गाँधीजी रिहा होकर आए तो उन्होंने कहा था– "बाहर से कठोर दिखाई देने वाले सरदार पटेल के अन्दर माँ जैसा दयालु हृदय है।"

1922 में म्युनिसिपल स्कूलों के संचालन सम्बन्धी प्रश्न को लेकर बम्बई सरकार तथा अहमदाबाद म्युनिसिपल बोर्ड में विवाद छिड़ गया। खींचातानी इतनी बढ़ी कि बम्बई सरकार ने अहमदाबाद म्युनिसिपल बोर्ड को निलंबित (सस्पेंड) कर दिया। तब पटेल ने 'पीपल्ज़ प्राइमरी एजुकेशन बोर्ड' के तत्त्वावधान में पर्याप्त चन्दा जमा किया और अनेक जनता स्कूलों की स्थापना करके बम्बई सरकार को नीचा दिखा दिया। सरदार पटेल ने गुजरात विद्यापीठ के लिए दस लाख रुपये एकत्र किए। धन संग्रह के लिए वे रंगून तक गए थे।

1922 की ऐतिहासिक घटना जिसे भारतीय स्वतंत्रता संग्राम में विशेष रूप से वल्लभभाई की प्रसिद्ध उपलब्धियों में एक महत्त्वपूर्ण एवं स्मरणीय घटना है, उसे 'नागपुर झंडा सत्याग्रह के नाम से जाना जाता है। इसका संचालन वल्लभभाई के हाथों में सौंप दिया गया। वल्लभभाई ने पूरी सूझ-बूझ से इस आन्दोलन का नेतृत्व किया और सम्मानजनक विजय प्राप्त की। उन्होंने तत्कालीन राष्ट्रीय नेताओं के इस आग्रह को बड़ी विनम्रता से स्वीकार किया और झंडा सत्याग्रह आन्दोलन को सफल बनाने के लिए जुट गए। अगस्त 1922 की बात है। सविनय भंग जाँच कमेटी सत्याग्रह आन्दोलन प्रारम्भ करने के लिए जबलपुर के दौरे पर थी। तभी उसी अवधि में वहाँ की म्युनिसिपैलिटी ने एक प्रस्ताव पारित किया। प्रस्ताव सर्वम्मति से पारित हुआ था। अतः म्युनिसिपैलिटी हाल पर राष्ट्रीय ध्वज फहराया गया। सरकार को यह कार्य पसंद नहीं आया। उसे लगा कि यह यूनियन जैक का तिरस्कार है। इसी के चलते सरकार ने हॉल पर राष्ट्रीय झंडा न फहराया जाये, इसके लिए वहाँ धारा 144 लगा दी।

18 मार्च को गाँधी जी के कारावास की लेकर वर्षगाँठ का समारोह मनाया गया था। इस मौके पर भव्य शोभायात्रा निकाली गई। इसके अगुआ थे पंडित सुन्दर लाल। परन्तु सरकार का यह आपत्तिजनक लगा। पुलिस ने शोभायात्रा के कार्यक्रम को रोक दिया। कार्यकर्ताओं के हाथों से पुलिस ने झंडे छीन लिए। पंडित सुन्दर लाल ने पुनः राष्ट्रीय झंडा माँगा तो उन्हें छह मास के लिए जेल भेज दिया।

इसका जनमानस में भारी विरोध हुआ। इसके परिणामस्वरूप 13 अप्रैल, 1923 को नागपुर में बृहद् एवं भव्य स्तर पर राष्ट्रीय ध्वज के साथ शोभायात्रा निकाली गई। सरकार इसे कैसे बरदाश्त करती? उसने कार्यकर्ताओं पर लाठी चार्ज करा दिया। पंडित सुन्दर लाल के हाथों से राष्ट्रीय ध्वज पुलिसकर्मियों ने छीन लिया। पुलिस की इस ज्यादती के खिलाफ नागपुर कांग्रेस प्रान्तीय समिति की कार्यकारिणी समिति की सभा आयोजित की गई। सभा में सर्वसम्मति से यह प्रस्ताव पारित हुआ कि 1 मई से राष्ट्रीय ध्वज की मर्यादा की रक्षा के लिए एकजुट होकर सत्याग्रह आन्दोलन शुरू किया जाए। इसका मुख्य आयोजन स्थल नागपुर को बनाया गया।

एक प्रस्ताव पारित कर इस आन्दोलन का अगुआ वर्धा के सेठ जमना-लाल को बनाया गया। देश के कोने-कोने से आन्दोलनकारी यहाँ आने लगे। इस आन्दोलन को समाज के सभी वर्गों एवं बुद्धिजीवियों का पूर्ण समर्थन प्राप्त था।

सरकार कहाँ मानने वाली थी? पुलिस ने धरपकड़ शुरू कर दी। पुलिस का कहर आन्दोलनकारियों पर टूट पड़ा। वह आन्दोलनकारियों को शारीरिक-मानसिक रूप से प्रताड़ित करने लगी। आन्दोलनकारियों से जेलें भर गईं। पर आन्दोलनकारी भी कम नहीं थे। इधर पुलिस कुछ आन्दोलनकारियों को पकड़ कर जेल ले जाती तो दूसरी तरफ उससे भी कहीं अधिक आन्दोलनकारी दोगुने उत्साह से उपस्थित हो जाते थे। सरकार ने फरमान जारी कर दिया– "यदि कोई व्यक्ति सिविल लाइंस में राष्ट्रीय ध्वज के साथ आता हुआ दिखाई दिया तो उसे सख्त से सख्त सजा दी जाएगी। आम जनता से गुजारिश है कि वह इस कार्यक्रम में भाग न ले अन्यथा मजबूरन में सरकार को ऐसे लोगों के खिलाफ कार्यवाही करनी पड़ेगी।"

सरकार के इस फरमान का आन्दोलनकारियों पर कोई प्रभाव नहीं पड़ा, बल्कि वे अधिक से अधिक संख्या में भाग लेने लगे। सरकार ने उनकी धरपकड़ और तेज कर दी। आन्दोलन की गतिविधियों के विषय में बम्बई में महासमिति ने बैठक बुलाई। भावी रणनीति पर गहन विचार-विमर्श किया

गया। इसके लिए राजा जी एवं वल्लभभाई को यह भार सौंपा गया। इन्होंने सरकारी दमनचक्र नीतियों का खुल कर विरोध किया। सरकार ने तमाम नेताओं के साथ सेठ जमनालाल को भी बंदी बना लिया।

यह सब देखकर कांग्रेस कार्यसमिति ने बैठक बुलाई और एक प्रस्ताव पारित कर इस आन्दोलन का सर्वेसर्वा वल्लभभाई को बना दिया। वह भला इस जिम्मेदारी से कहाँ मुकरने वाले थे? उन्होंने उत्साहपूर्वक इस दायित्व को स्वीकार किया। उन्होंने इस आन्दोलन को सफल बनाने के लिए नागपुर में ही अपना डेरा जमा दिया। उन्होंने विभिन्न प्रांतों की कांग्रेस की कार्यसमितियों से आन्दोलन की सफलता के लिए विनम्रतापूर्वक सहयोग माँगा। उनकी अपील पर विभिन्न प्रांतों से आन्दोलनकारी नागपुर में जुटने लगे।

सरकार को वल्लभभाई की कार्यशैली से और भी डर पैदा गया। अतः उसने आन्दोलनकारियों को रोकने के लिए नागपुर स्टेशन पर सशस्त्र पुलिस लगा दी। इधर आन्दोलनकारी नागपुर स्टेशन पर उतरते, उधर पुलिस उन्हें गिरफ्तार कर लेती। लेकिन आन्दोलनकारियों का आना कम नहीं हुआ। सरकार ने नागपुर के आसपास की जेल में आन्दोलनकारियों को रखना शुरू कर दिया। पर आन्दोलनकारियों का आना फिर भी कम नहीं हुआ।

आन्दोलन की धार को कुन्द करने के लिए सरकार ने आन्दोलनकारियों पर रेलगाड़ी से सफर करने पर रोक लगा दी। आन्दोलनकारियों ने अब रेलगाड़ी की बजाय पैदल आने का निश्चय कर लिया। अब नागपुर में इधर-उधर से पैदल ही आन्दोलकारी जमा होने लगे। सरकार ने पुलिस बल की संख्या बढ़ा दी। मुख्य मार्गों के साथ-साथ गली-कूचे, पगडंडियों तक पर पुलिस लगा दी। लेकिन आन्दोलनकारियों का नागपुर आना फिर भी कम नहीं हुआ।

सरकार की तमाम कोशिशें आन्दोलनकारियों को नहीं रोक सकीं। चारों तरफ सरकार की किरकिरी और निंदा हो रही थी। फलतः गृहमंत्री ने वल्लभभाई से वार्ता शुरू कर दी। गृहमंत्री ने वल्लभभाई से कहा, "आन्दोलनकारी राष्ट्रीय ध्वज के साथ सिविल लाइंस तक शोभायात्रा (जुलूस) के रूप में

जा सकते हैं। बशर्ते वे टकराव का रास्ता छोड़ दें।" वल्लभभाई ने इसे स्वीकार करते हुए यह भी जोड़ दिया कि अब तक जितने कार्यकर्ता जेल में बंद हैं, उन्हें बरी कर दिया जाए। सरकार ने काफी जद्दोजेहद के बाद इस बात को मान लिया। 18 अगस्त, 1923 ई. को शोभायात्रा निकाली गई। उसमें लगभग 100 आन्दोलनकारियों ने भाग लिया। इस आयोजन का नेतृत्व पं. माखनलाल चतुर्वेदी ने किया। आन्दोलनकारियों के जयघोषों से धरती-आसमान निनादित हो उठा। पुलिस की ओर से शोभायात्रा पर नजर रखा जा रही थी।

पं. माखनलाल चतुर्वेदी की अगुआई में आयोजित शोभायात्रा में आन्दोलनकारियों को संबोधित करते हुए वल्लभभाई ने कहा, "अंत में राष्ट्रीय झंडे की प्रतिष्ठा मान ली गई है। आम रास्तों से शान्तिपूर्वक एवं व्यवस्थित रूप में राष्ट्रीय झंडे के साथ जुलूस ले जाने का हमारा हक हमें वापस मिल गया है। इसे मैं सत्य, अहिंसा और तप की विजय मानता हूँ। इसीलिए ईश्वर की कृपा से अब मैं घोषणा कर सकता हूँ कि नागपुर सत्याग्रह का आज के पुण्य दिवस पर महात्मा गाँधी के उपदेश के भावों और शब्दों के अनुसार विजयी समापन होता है। आज शाम से झंडा सत्याग्रह के समापन की घोषणा करता हूँ।"

सभी सत्याग्रहियों (आन्दोलनकारियों) को शुभकामनाएँ-बधाई दी गई। अध्यक्ष महोदय द्वारा धन्यवाद-आभार व्यक्त किया गया। 3 सितम्बर को सभी सत्याग्रहियों को बरी कर दिया गया।

बम्बई सरकार ने बोरसद निवासियों पर 'उपद्रवी तथा जरायमपेशा अपराधियों को शरण देने' के आरोप में 'प्यूनिटिव टैक्स' लगाया।

उन दिनों बोरसद में बावर देव तथा अली नामक दो डाकू उस इलाके में डाका डाला करते थे। उनके खौफ से जनता में त्राहि-त्राहि मची हुई थी। लोग अँधेरा होते ही अपने-अपने घरों में दुबक जाते थे। जनता ने इसके खिलाफ शिकायत की अपने जान-माल की सुरक्षा में लिए गुहार लगाई। सरकार की ओर से कहा गया कि वह इस समस्या से निबटने के लिए

अतिरिक्त पुलिस की तैनाती कर रही है किन्तु इस पर जो खर्चा आएगा वह सब जनता से वसूला जाएगा। इसके लिए नर-नारी, वृद्ध, बच्चे, अपाहिज आदि से प्रति व्यक्ति 2 रुपये 6 आने लिया जाने लगा थे। जैसे-तैसे जनता इस खर्च को सहन कर रही थी। परन्तु इसका परिणाम आम जनता के लिए सुखद साबित नहीं हो रहा था। चोरी, डकैती, राहजनी पूर्ववत् हो रही थी। जनता को दोहरी मार झेलनी पड़ रही थी। एक ओर तो डाकू परेशान कर रहे थे और दूसरी तरफ सरकार अतिरिक्त सुरक्षा मुहैया कराये जाने के नाम पर आम जनता से रुपये वसूल रही थी। अन्ततः यह मामला वल्लभभाई तक पहुँचा।

वल्लभभाई पटेल ने 20.10.1923 को प्रान्तीय समिति की बैठक बुलाकर एक जाँच कमेटी नियुक्त कर दी, जिसके सदस्य मोहनलाल पंड्या तथा रविशंकर महाराज चुने गए।

जाँच समिति ने जो प्रतिवेदन दिया, उसका मुख्य अंश इस प्रकार था–

''ताल्लुके के बहुत से गाँवों में हमने खुद भ्रमण किया और खूब बारीकी से जाँच की। इस जाँच के परिमाणस्वरूप हमारे दिल को यकीन हो गया है कि प्रजा का बड़ा भाग–बहुत बड़ा भाग, बिल्कुल निर्दोष है...डाकू रात को लूटते हैं, पुलिस दिन-दहाड़े लूटती है। इस कानूनी मानी जाने वाली लूट के साथ वह लोगों को कलंक का टीका लगाती है। सरकार कहती है कि लोग डाकुओं का साथ देते हैं, उन्हें आसरा देते हैं और उन्हें खाने को देते हैं। लोग कहते हैं कि पुलिस डाकुओं से मिल गई है, डाकुओं को बन्दूकें देती है, कारतूस पहुँचाती है और लूट के माल में हिस्सा बँटाकर जेबें भरती है।''

अब क्या था? वल्लभभाई ने किसानों में नवजीवन फूँका और उन्हें सत्याग्रह के लिए तैयार कर लिया। बोरसद के निवासी एकजुट होकर हर प्रकार का बलिदान देने को तैयार हो गए। सत्याग्रह से पूर्व प्रत्येक व्यक्ति को वल्लभभाई के सम्मुख यह प्रतिज्ञा करनी पड़ती थी–

''मैं...सुपुत्र...निवास-स्थान...प्रतिज्ञा करता हूँ कि प्राण दे दूँगा, किन्तु सरकार को एक पाई भी जुर्माने के रूप में नहीं दूँगा। सरकारी कर्मचारी मेरी

खाल भी उधेड़ दें, तो भी न कुर्की का माल नीलामी में लूँगा और न अपनी सवारी पर या सिर पर उठाकर उसे थाने में पहुँचाऊँगा।''

वल्लभभाई एवं सरकार में तनातनी हो गई। सरकार बलपूर्वक कुर्की जब्ती करने लगी। कुर्की के कानूनों के संरक्षणार्थ बोरसद में पुलिस पूरी सख्ती से चौकसी करने लगी। आम जनता पर पुलिस द्वारा जुल्म ढहाये जाने लगे। पुनरपि बोरसद की जनता वल्लभभाई के नेतृत्व में एकजुट रही। एक भी आदमी ने सरकारी कार्यवाही से डर कर आत्मसमर्पण नहीं किया। सरकार ने और अधिक सख्ती की।

वल्लभभाई पटेल अपने भाषणों में आग उगलते थे। वे सीधे-सादे शब्दों में मतलब की बात कहते थे, जो अशिक्षित एवं अल्पशिक्षित किसानों को खूब समझ में आती थी। एक विशाल सभा में सरदार पटेल ने कहा था—

''यदि राजसत्ता अत्याचारी हो, तो किसान का सीधा उत्तर है—जा-जा, तेरे जैसे कितने ही राज्य मैंने मिट्टी में मिलते देखे हैं।''

जब किसानों ने प्यूनिटिव टैक्स देने से इनकार कर दिया, तो सरकार ने दमन-चक्र का दौर चलाया। सशस्त्र पुलिस बोरसद के कोने-कोने में गई, जोर-जबरदस्ती, मारपीट और जुल्म के आगे भी किसान न झुके।

आन्दोलन रुकने का नाम नहीं ले रहा था। सरकार वल्लभभाई की नीति से परेशान थी। उसने अपनी ओर से पहल की। इस तरह सरकार ने वल्लभभाई से वार्तालाप किया और वल्लभभाई की माँगें मान ली गईं। उनकी प्रमुख माँगें थीं—अतिरिक्त पुलिस को हटाया जाए, जनता से जो रकम उगाही गई थी, उसे लौटाया जाए। सरकार ने इन माँगों को मान लिया। साथ ही उसने जनता के प्रशासन के कार्यों को चलाने में सहयोग माँगा। सरकार की अपील थी, ''आशा है, भविष्य में भी चोर-डाकुओं से मुकाबला करने में हमें आम जनता की मदद मिलेगी।''

इस प्रकार जरामय पेशा के नाम पर लिए जाने वाले टैक्स की आड़ में सरकार की कमाई के जरिए पर रोक लग गई। डाकू जनता की एकजुटता देख भाग खड़े हुए। सत्याग्रही जीत गए। चारों ओर हर्षोल्लास का वातावरण

छा गया। जनता सुख की नींद सोने लगी।

सत्याग्रहियों ने वल्लभभाई के साथ-साथ तमाम नेताओं के साथ इस जीत की खुशी में विजयोत्सव का आयोजन किया। विजयोत्सव पर वल्लभभाई ने कहा, "सत्य, अहिंसा और तप की एक बार फिर विजय हुई है। यह विशेष आनन्द की बात है, यह जीत, हमारी लड़ाई जितनी न्यायपूर्ण थी, उतनी जल्दी ही पूरी हो गई। यह विजय अपूर्व है। सरकार ने अपनी भूल खुले दिल और साहस के साथ स्वीकार की है।"

12 जनवरी को बोरसद विजय उत्सव समारोहपूर्वक सम्पन्न हुआ। उसी रात में गाँधी जी को यरवदा जेल से पूना जेल में स्थानांतरित कर दिया गया। वहाँ गाँधी जी का सासून अस्पताल में अपेंडिसाइटीज का ऑपरेशन हुआ। जब वह कुछ स्वस्थ हो गए तो सरकार ने उन्हें रिहा कर दिया। यह समाचार पाकर वल्लभभाई उनसे मिलने पूना गए। गाँधी जी को बोरसद विजयोत्सव का समाचार मिल चुका था। वह वल्लभभाई की इस उपलब्धि से बहुत प्रभावित थे। अतः उन्होंने वल्लभभाई को 'बोरसद का राजा' कहकर उनका स्वागत किया। उन्होंने इस विषय पर नवजीवन और यंग इंडिया में लिखा था, "वल्लभभाई की कार्यकुशलता प्रत्येक अंग में देखी जा सकती है। जैसे वे, वैसे उनके साथी। बोरसद सत्याग्रह सात्त्विक उद्यम का उज्ज्वल नमूना हैं।"

सासून अस्पताल छोड़ने के बाद गाँधी जी जुहू में स्वास्थ्य लाभ करने लगे। 13 मई को बोरसद में ही गुजरात राजनैतिक परिषद की बैठक बुलाई गई। यह परिषद की सातवीं बैठक थी। इसका अध्यक्ष काका साहब कालेलकर को बनाया गया था। शुरू-शुरू में इसमें गाँधी जी का आना तय था, स्वयं भी वह आना चाहते थे। पर चिकित्सकों एवं शुभचिंतकों ने स्वास्थ्य लाभ की दृष्टि से उन्हें बोरसद न जाने का आग्रह किया। अतः अंत समय में गांधी जी का बोरसद जाना स्थगित हो गया। गाँधी जी ने इसकी सूचना वल्लभभाई को स्नेहपूर्वक दी। वल्लभभाई ने गाँधी जी के बारे में कहा, "गांधी जी को जेल से बाहर निकलने पर ऐसा लग रहा है कि देश की दशा आधारहीन

हो रही है। यह दुःखद है। ऐसे समय में हमारा कर्तव्य बन जाता है कि हम उनकी चिंताओं को दूर करें। यह तभी होगा जब हम सब गाँधी जी के कार्यों के प्रति श्रद्धा रखें और बिना उनके कहे हम उसे पूरा करने में जुट जाएँ।''

गाँधी जी स्वराज्य दल को लेकर कुछ चिंताग्रस्त थे। उन्हें महसूस हो रहा था कि देश की मूलभूत समस्याओं को अपरिवर्तनवादी एवं स्वराज्यवादी दोनों ही भूल गए हैं और अपने स्वार्थों के चलते आपस में जूझ रहे हैं। अतः उन्होंने अपना सारा ध्यान इन दोनों से निबटने में लगाया। गाँधी जी अपने प्रयास में सफल हो गए। स्वराज्यवादियों ने भी विदेशी वस्तुओं का बहिष्कार तथा खादी का प्रचार-प्रसार करना अपने उद्देश्यों में जोड़ लिया। किन्तु 1926 के अंत होते-होते यह दल भी आपसी फूट मत का शिकार हो गया।

जैसे-तैसे गाँधी जी ने इन दलों में तालमेल बैठाया। अब गाँधी जी ने हिन्दू-मुसलिम एकता, छुआछूत निवारण एवं खादी का प्रचार-प्रसार आदि पर अपना सारा ध्यान केंद्रित कर दिया।

वल्लभभाई को उक्त उद्देश्यों की पूर्ति करने के लिए गुजरात मिला। वह पूरी निष्ठा एवं मनोयोग से इन कार्यक्रमों को पूरा करने के अभियान में जुट गए।

1924 में अहमदाबाद नगरपालिका बहाल कर दी गई। उसका स्वरूप अब बढ़ा दिया गया था। सरदार पटेल ने चुनाव अभियान का संचालन किया। कांग्रेस को भारी बहुमत प्राप्त हुआ। वल्लभभाई पटेल नगरपालिका के अध्यक्ष चुने गए।

1927 में नगरपालिका ने पटेल की अध्यक्षता में एक प्रस्ताव पास किया, जिसमें अहमदाबाद छावनी को नोटिस दिया गया था कि वह 1920 से लेकर अब तक आठ आना की दर से जल-कर अहमदाबाद नगरपालिका में जमा कराये, नहीं तो पानी का कनेक्शन काट दिया जाएगा। तब कंटोनमेंट

की ओर से टैक्स (विरोधपूर्वक) भर दिया गया।

पटेल ने म्युनिसिपैलिटी में खादी की वरदी का आदेश दे दिया। साथ ही उन्होंने सारा काम-काज गुजराती में ही करने का आदेश दिया। पटेल की जल-प्रायोजना स्वीकार कर ली गई। अध्यक्ष बनने के बाद अवधि समाप्त होने से पहले नालियों की व्यवस्था सम्पूर्ण करने का जो वचन दिया था, उसे पटेल ने पूर्ण किया। बड़े-बड़े अफसरों, व्यापारियों तथा कारखानेदारों पर जो म्युनिसिपल-करों का बकाया था और देर से वसूल नहीं हो रहा था, उसे पटेल ने कड़ाई से वसूल करके दिखा दिया।

उस साल तमाम गुजरात में अभूतपूर्व तथा भीषण वर्षा हुई, जिससे भयंकर विनाश और ध्वंस हुआ। पटेल ने साबरमती में आई बाढ़ को शहर में घुसने से रोकने के लिए आश्चर्यजनक ढंग से काम किया और म्युनिसिपल तथा अन्य अस्थायी कर्मचारियों को दिन-रात काम पर लगाकर अहमदाबाद नगर को डूबने से बचा लिया। बाढ़पीड़ितों की सहायता के लिए पटेल ने धनसंग्रह किया तथा सहायता-समितियों का कुशलता से संचालन किया।

गाँधी जी ने धनसंग्रह की अपील का जोरदार समर्थन करते हुए, 'नवजीवन' में लिखा–"कष्ट-निवारण का काम गुजरात प्रान्तीय समिति के मातहत हो रहा है। वल्लभभाई के पास अनुभवी और तालीम पाए हुए गुजरात के गाँव-गाँव को जाने वाले कार्यकर्ता और स्वयं-सेवक मौजूद हैं। इसलिए दान देने की इच्छा रखने वालों के लिए किसी प्रकार का अंदेशा रखने का कारण नहीं है।...अभी जो जल्दी देगा, उसने दुगुना दिया, ऐसा माना जाएगा।"

"यह काम किसी अकेले के बस का नहीं है। इसमें समाज में अग्रगण्य और समझदार स्त्री-पुरुषों की सलाह और प्रवृत्ति होनी चाहिए। इसमें तो हुकूमत का भी शुद्ध सहयोग चाहिए।"

"मेरी प्रार्थना तो वल्लभभाई की, और इसी प्रकार दूसरी टोलियों के प्रति है।"

इसके बाद इन्होंने 'अधिक अन्न और चारा उपजाओ'–आन्दोलन चलाया। इन्होंने उचित दर की दुकानें खुलवा कर बढ़िया चना, गेहूँ, दाल,

कपास आदि की उचित दर पर बिक्री की सुन्दर व्यवस्था कर दिखलाई। सरकार ने भी पटेल के कार्यों की मुक्त-कंठ से प्रशंसा की और एक करोड़ रुपये पटेल के हाथों में सौंप दिए, ताकि वे अकाल पीड़ितों की सहायता का कार्य सुचारु रूप से संचालित कर सकें।

इन्हीं दिनों अहमदाबाद नगरपालिका में एक नए दल की स्थापना हुई। चीफ अफसर की नियुक्ति के बारे में उस दल ने पटेल के निर्णय का विरोध किया।

1928 में पटेल ने म्युनिसिपैलिटी के अध्यक्ष पद से त्यागपत्र दे दिया।

सूरत जिले के बारडोली ताल्लुका के किसानों पर सरकार ने लगान की दर बढ़ा दी थी। किसानों ने कर न देने का निश्चय किया। पटेल ने वहाँ किसान-सत्याग्रह का नेतृत्व किया। बम्बई सरकार ने किसानों की ज़मीनें ज़ब्त करने, खेत नीलाम करने, मकान-मवेशी बेचने के रूप में किसानों को दण्ड देना शुरू किया। जब किसान इससे न झुके तो बम्बई सरकार ने पठान गुण्डों को भेजकर माँ-बहनों की इज्जत पर डाका डलवाने का दुष्प्रयास किया, परन्तु किसान-आन्दोलन अबाध गति से चलता रहा।

❒

11. बारडोली ने बनाया सबका सरदार

बारडोली सत्याग्रह के कारणों पर विस्तार से प्रकाश डालते हुए गांधी जी ने लिखा था–

"बम्बई की विधान-परिषद ने मार्च, 1924 में भारी बहुमत से इस आशय का प्रस्ताव पास किया था–'भूमि-कर का संशोधन विधान द्वारा विनियमित करने के प्रश्न पर गौर करने के लिए एक समिति नियुक्त की जाए और जब तक उक्त कानून अमल में नहीं लाया जाता, तब तक नये सिरे से कोई तखमीना न बनाया जाए और संशोधित समझौता भी लागू न किया जाए। सरकार ने प्रस्ताव का पहला भाग भूमि-कर तखमीना समिति नियुक्त करके कार्यान्वित कर दिया, परन्तु दूसरे हिस्से की उपेक्षा कर दी गई और प्रस्ताव का विरोध करते हुए एक के बाद एक ताल्लुके का फिर से तखमीना बनाया जाने लगा। इसी बीच भूमि-कर समिति की बैठक हो चुकी थी और उसने अपनी रिपोर्ट प्रकाशित कर दी थी। बम्बई विधान-परिषद ने मार्च, 1927 में भारी बहुमत से एक और प्रस्ताव पास किया, जिसमें सपरिषद् गवर्नर से सिफारिश की गई थी कि भूमिकर तखमीना समिति की रिपोर्ट को ध्यान में रखते हुए ज़रूरी कानून बनाकर मार्च, 1924 के प्रस्ताव को तत्काल अमल में लाया जाए और जब तक ऐसा कानून न बने सम्बद्ध भूमि-कर अधिकारियों को आदेश ज़ारी किए जाएँ कि मार्च, 1924 के बाद बढ़े हुए कर की उगाही न करें। भूमि-कर तखमीना समिति द्वारा सुझाया गया कानून इस समय विधान

परिषद के सामने था, लेकिन अन्त में कानून बन जाने पर उसका उद्‌देश्य ही विफल हो जाए इस उद्‌देश्य से लगभग जान-बूझकर संशोधन की व्यवस्था की गई।"

बारडोली ऐसे कई ताल्लुकों में से एक था, जहाँ इन प्रस्तावों के अनुसार करों में कोई संशोधन नहीं होना चाहिए था और करों के कोई नये दर नहीं लागू किए जाने चाहिए थे। इस मामले के गुणदोष पर ध्यान न दिया जाए, तो भी यह आपत्ति बारडोली में भूमिकर संशोधन व्यवस्था पर सैद्धान्तिक मूल आपत्ति थी।

बारडोली की नई भूमिकर संशोधन व्यवस्था श्री जयकर द्वारा तैयार की गई थी, जिन्होंने नवम्बर, 1925 में अपनी सिफारिशें पेश कर दी थीं। बन्दोबस्त आयुक्त श्री ऐण्डरसन उस आधार से असहमत थे जिस पर श्री जयकर ने अपनी सिफारिश पेश की थी और उन्होंने एक नया आधार अपनाकर 29 प्रतिशत की बढ़ोतरी की सिफारिश की थी। सरकार दोनों ही व्यक्तियों की सिफारिशों से असहमत थी और उसने लगान की 22 प्रतिशत बढ़ोतरी तय थी। ताल्लुके का पहले का लगान जो 5,14,762 रुपये था वह नये कर-निर्धारण के अन्तर्गत 6,20,000 रु. से कुछ ऊपर हो गया।

इसके विरोध में बारडोली के किसानों का कहना था कि ताल्लुके का पूरी हद तक कर-निर्धारण हो चुका है तथा उसमें और बढ़ोतरी की कोई गुंजाइश नहीं है। ताल्लुके के किसान अपनी भूमि के मान के अनुसार इस प्रकार विभाजित थे–

1 से 5 एकड़ तक	10,379
6 से 25 एकड़ तक	5,936
26 से 100 एकड़ तक	829
101 से 500 एकड़ तक	40

अनुमान किया जा सकता था कि वे सभी किसान, जिनके पास 25 एकड़ से ज्यादा ज़मीन नहीं है, खुद काश्त करते हैं और जिनके पास ज्यादा ज़मीन थी वे अपनी ज़मीन बँटाई पर दे देते थे। इसका मतलब यह था कि 16,315

किसान वास्तव में कुल 1,27,045 एकड़ के क्षेत्र में खुद खेती करते थे। यानी कि हर किसान औसतन लगभग आठ एकड़ भूमि में खेती करता था। यह न्याय-संगत नहीं था कि निर्णय किरायों के आधार पर होता–चाहे वे लाभकर या अलाभकर थे, और जिनका उपभोग केवल बहुत कम लोग अर्थात् 869 बड़े ज़मींदार ही करते थे।

16,315 किसानों के पास जो ज़मीन थी उसके मूल्य तथा भूमिकर कानून की धारा 107 के अधीन मुनाफों का जो लाभ वे उठा रहे थे, उसे ध्यान में रखते हुए भूमिकर का निर्धारण किया जाना चाहिए था। बारडोली के किसानों की दलील थी कि "फी एकड़ की औसत उपज को ध्यान में रखते हुए और भूमिकर अधिकारी द्वारा स्वीकृत बहुत ऊँचे दर्जे के मूल्यों को सही मानकर (यद्यपि रिपोर्ट के बाद से मूल्य काफी गिर गए हैं) 8 एकड़ ज़मीन में खेती करने वाले किसान को इतना मुनाफा नहीं होता कि सरकार मौजूदा कर-निर्धारण की दर में बढ़ोतरी कर सके। वे इस कथन को सिद्ध करने को तैयार हैं और यदि मुनाफों के 50 प्रतिशत को भी आधार माना जाए, तो भी किसी बढ़ोतरी करने की ज़रूरत नहीं है और यदि मुनाफों के 25 प्रतिशत को आधार मान लिया जाए तो लगान की मौजूदा दरों में काफी कटौती करना ज़रूरी होगा।"

इस प्रकार बारडोली के किसान अपनी दलील के लिए ताल्लुके की वास्तविक परिस्थितियों पर निर्भर करते थे, किन्तु उनकी इस दलील का आधार सरकारी रिपोर्टों के महत्त्व और यथार्थता का संदेहास्पद माना जाना भी था। उनका कहना था–"भूमिकर अधिकारी श्री जयकर ने कोई खास पड़ताल नहीं की। उन्होंने कुछ गाँवों का दौरा किया, गाँववालों को लगान बढ़ाने के प्रश्न के बारे में कोई अभ्यावेदन देने के मौके नहीं दिए और सरसरी तौर पर एक सर्वेक्षण तैयार किया। उन्होंने नितान्त आवश्यक आँकड़े बिना जाँच किए अपने कार्यालय में तैयार किए और अपनी 30 प्रतिशत की सिफारिशों के लिए वह कुल पैदावार के मूल्य में बढ़ोतरी पर निर्भर रहे।" श्री जयकर की जाँच-पड़ताल यदि उसे जाँच-पड़ताल कहा जा सकता है, जिस

लापरवाही से तैयार की गई है, वह उसे निरर्थक बना देने के लिए काफी है। लेकिन श्री ऐण्डरसन ने एक अन्य बहुत ठोस आधार पर श्री जयकर की रिपोर्ट पर शंका व्यक्त की जिसकी ओर जनता के प्रतिनिधियों ने भी ध्यान दिलाया था। उन्होंने श्री जयकर की रिपोर्ट के सबसे महत्त्वपूर्ण अंश को ही अर्थात् जिस पर वे कुछ उपज के मूल्य पर अपनी सिफारिशें आधारित करते हैं, 'निरर्थक' और 'सर्वथा खतरनाक' कहकर रद्द कर दिया, क्योंकि उन सिफारिशों में उनके सुझावों का कोई औचित्य नहीं मिलता, बल्कि उनसे विरुद्ध तर्कों का आभास मिलता है। इन हालात में श्री ऐण्डरसन का कर्तव्य था कि सरकार को नये सिरे से जाँच-पड़ताल करने का सुझाव देते। लेकिन उन्होंने लक्ष्य का अतिक्रमण कर दिया और दरों के आँकड़ों के आधार पर अपनी सिफारिशें दे दीं। यह एक ऐसा आधार है जिसके औचित्य पर कई उच्च-पदासीन सरकारी अफसरों ने भारी आपत्ति की है और प्रस्तुत मामले में आँकड़ों पर भी इस आधार पर उनकी जाँच नहीं की गई है, भारी आपत्ति की है। यदि श्री जयकर ने कोई वास्तविक जाँच-पड़ताल न करके सेटलमेंट मैनुअल का मजाक उड़ाया है, तो श्री ऐण्डरसन एक कदम आगे बढ़ गए हैं। उन्होंने सेटलमेंट मैनुअल का उल्लंघन किया है। सेटलमेंट मैनुअल में लिखा है–

"विचारणीय मुद्दों में किरायों को आधार मानना अनेक में से एक मुद्दा है और उनके आधार पर भी विचार करें, तो भी जब तक उनका परिमाण काफी न हो और जब तक उनकी विश्वसनीयता प्रमाणित न हो जाए, उन्हें निश्चित निर्णयों का आधार नहीं बनाया जा सकता।"

किराये के आँकड़ों पर पूरी तरह भरोसा रखकर और यह मानकर कि उनके महत्त्वपूर्ण होने के लिए अपेक्षित दोनों शर्तें पूरी हो गई हैं, श्री ऐण्डरसन ने भारी गलती की है। श्री ऐण्डरसन एक जगह श्री जयकर पर यह दोष लगाते हैं कि उन्होंने किराये पर उठाए क्षेत्र और खुद मालिकों द्वारा जोते गए क्षेत्रों के आँकड़े इकट्ठा करने का कोई प्रयत्न नहीं किया और फिर भी वह परिशिष्ट 'एच' पर गलती से इस निष्कर्ष पर पहुँच जाते हैं–"कुल क्षेत्र का कम-से-कम आधा भाग उन ज़मींदारों के पास है जो स्वयं खेती नहीं करते।"

श्री ऐण्डरसन की भूल का आधार यह है कि उन्होंने जल्दबाजी में सात साल के आँकड़े, 42923 एकड़, एक साल के आँकड़े मान लिए और 23995 एकड़ अर्थात् कुल क्षेत्र की लगभग 18 प्रतिशत ज़मीन जो किसानों के अपने पास है, उसके बारे में श्री जयकर के अनुमान की नितान्त उपेक्षा कर दी। श्री जयकर का अनुमान भी यद्यपि ऊपर से सही दिखाई देता है, लेकिन बिल्कुल सही नहीं है, क्योंकि यह मौके पर की गई जाँच पर आधारित नहीं है।

इसलिए बारडोली के सत्याग्रहियों ने तब तक कोई लगान न देने की शपथ ली है जब तक या तो–

1. बढ़ोतरी रद्द नहीं कर दी जाती या

2. पूरे मामले की जाँच करने के लिए स्वतंत्र निष्पक्ष न्यायाधिकरण की नियुक्ति नहीं की जाती।

[(अंग्रेजी से) यंग इंडिया, 14.6.1928]

1921 में वल्लभभाई पटेल ने बारडोली सत्याग्रह चलाया था, किन्तु चौरीचौरा कांड से दुःखी होकर गाँधी जी ने बारडोली सत्याग्रह स्थगित कर दिया था। 1928 में वहाँ नया बन्दोबस्त हुआ और 30 प्रतिशत लगान बढ़ा दिया गया।

वल्लभभाई ने बारडोली आन्दोलन प्रारम्भ करने का अटूट निश्चय कर लिया था। गाँधी जी उनके समर्थन में खड़े थे। वल्लभभाई ने सारे मामले की स्वयं खोजबीन करके यह आन्दोलन शुरू करने का बीड़ा उठाया था। उन्होंने इस मुद्दे पर गाँधी जी से वार्तालाप किया गाँधी जी ने कहा, "तब तो मुझे ही कामना करनी चाहिए कि विजयी गुजरात की जय हो।"

वल्लभभाई ने आन्दोलन शुरू करने से पहले किसानों के साहस, धैर्य आदि को अपने वाक्चातुर्य से परखा। उन्होंने इस संदर्भ में एक बड़े नेता और जमींदार से आन्दोलन के मसले पर राय माँगी। नेता ने कहा, "चार सच्चे आदमी मिल जाएँ तो तालुका के सभी किसान संगठित रहेंगे।" वल्लभभाई ने कहा, "तो क्या आप भी उनमें शामिल होंगे?"

उनका उत्तर था, “साहब, मैं तो उन चारों के पीछे चलने को तैयार रहूँगा।”

वल्लभभाई ने कहा, “चार ऐसे किसान जो सरकार की कर वृद्धि के खिलाफ शुरू होने वाले आन्दोलन के द्वारा आर-पार की लड़ाई लड़ने को तैयार हों, वे खड़े हो जाएँ।” वल्लभभाई की घोषणा का तुरन्त असर पड़ा। देखते ही देखते चार किसान खड़े हो गए।

वल्लभभाई प्रायः कहा करते थे, “मेरे साथ खिलवाड़ नहीं हो सकता, जिस काम में खतरा न हो उसमें मैं हाथ नहीं डालता। जो खतरा उठाने को तैयार हों, उनके साथ मैं खड़ा रहूँगा। आप हारेंगे तो सभी का भविष्य बिगड़ेगा।” वल्लभभाई ने कर वृद्धि को लेकर सरकार से वार्तालाप किया। परन्तु सरकार नहीं मानी। अन्ततः वल्लभभाई ने किसानों के साथ बैठक कर आन्दोलन शुरू करने का निर्णय ले लिया।

टाइम्स ऑफ इंडिया ने वल्लभभाई की गतिविधियों को देखकर टिप्पणी की, “बारडोली में बोल्शेविज्म चल रहा है और वल्लभभाई उसके लेनिन हैं।

फरवरी को बारडोली तालुका के किसानों की बैठक बुलाई गई। इसमें लगभग अस्सी गाँवों के किसानों ने भाग लिया। इसकी अध्यक्षता वल्लभभाई ने की। उन्होंने आन्दोलन की योजना को लेकर विस्तार से किसानों के समक्ष विचार रखे। भाषण का समाप्त करते हुए कहा, “…अगर तुम्हारा यह खयाल हो कि राज्य किसी तरह इन्साफ की बात करने को तैयार नहीं, उसके विरुद्ध न लड़ने और रुपया जमा करा देने में हमारा स्वाभिमान भी जाता है, तो ही तुम इस लड़ाई को सिर पर उठाना।…यह कोई लाख-सवा लाख की वृद्धि का या तीस वर्ष के सैंतीस लाख का सवाल नहीं, परन्तु सच-झूठ का सवाल है, स्वाभिमान का सवाल है। इस सरकार में किसानों की कभी कोई सुनवाई न करने की जो प्रथा पड़ गई है, उसी का हमें सामना करना है।”

12 फरवरी से पूर्व बारडोली ताल्लुका के प्रतिनिधियों और वल्लभभाई पटेल में बारडोली सत्याग्रह के बारे में बातचीत हुई।

बारडोली आन्दोलन को लेकर के. एम. मुंशी ने सरकार को एक पत्र

के माध्यम से यह अवगत कराया था, "आपको भले ही यह रिपोर्ट मिली हो कि किसान आन्दोलन बाहर से थोपा गया है, लेकिन वास्तविकता यह है कि आन्दोलन वास्तविक है। रिपोर्ट झूठी है। अपने दुधारू पशुओं को बचाने के लिए पिछले तीन महीनों से यहाँ स्त्री, पुरुष, बच्चे उनके साथ अँधेरे, गोबर और बदबू से भरी कोठरियों में बंद पड़े हैं। इस तरह की स्थिति का उदाहरण तो मध्यकाल के इतिहास में भी नहीं मिल सकता है। लेकिन सारे जोर जुल्म सहकर भी किसान सरकारी दमन का मजाक उड़ा रहे हैं। सरदार पटेल उनके एकच्छत्र नेता हैं। वे जहाँ भी जाते हैं, लोग उनके स्वागत में उमड़ पड़ते हैं···फटे चिथड़ों में लिपटी गाँव की बेहाल स्त्रियाँ उनके माथे पर तिलक लगाकर अभिनन्दन करती हैं।"

वल्लभभाई ने अपने ओजस्वी भाषणों से किसान नर-नारियों में प्राणों का संचार कर दिया। जनता को संगठित करके उन्होंने सत्याग्रह की घोषणा कर दी। कई छावनियों और केन्द्रों की व्यवस्था की गई। सैनिक अभियान की भाँति योजनाबद्ध ढंग से उन्होंने सत्याग्रह का संचालन किया। प्राण हथेली पर लेकर आन्दोलन करने वाले किसानों के मनोबल, एकता, साहस और सहिष्णुता ने सरकार को हिला दिया। वल्लभभाई गाँव-गाँव में भाषण देकर किसानों का उत्साह बढ़ाने लगे।

अहमदाबाद जिला परिषद् में भाषण देते हुए उन्होंने कहा–"मैंने तो सरकार के सामने इतनी ही माँग रखी है कि इस मामले की फिर जाँच हो जाए। पर सरकार इस छोटी-सी माँग पर भी राजी नहीं है और पाँच लाख रुपये वसूल करने के लिए यहाँ पर फौज लाकर 50 लाख खर्चने को तैयार है। उसके पास वह गोरी फौज है न, जो बैठे-बैठे खा रही है, वह उसी को बारडोली लाना चाहती है। पर गुजरात का प्रत्येक किसान अब जाग उठा है। मैं किसानों से कहता हूँ, अब उन्हें डरने की ज़रूरत नहीं है। सरकार मराठे, मुसलमान, सिख, गोरखा आदि के 18-20 साल के लड़कों को पकड़कर ले जाती है और उन्हें थोड़े ही महीनों में मरना सिखा देती है। तब क्या मैं आपको 5-6 महीनों में मरना न सिखा सकूँगा। हाँ, लड़कों को यह सीख लेने दो, हमारी सन्तान

सुधर जाएगी। जब तक हम मौत का डर नहीं छोड़ेंगे, तब तक भारत का भला नहीं होगा। आप बारडोली जाएँगे तो देखेंगे कि वहाँ का किसान मौत को जेब में लिए फिरता है। बारडोली की महिलाओं के बारे में लन्दन के टाइमन ने लिखा है कि वहाँ गोलियाँ चलीं तो स्त्रियाँ मर्दों से आगे रहेंगी। इन बहनों ने संवाददाता को पत्र लिखा–'उस समय तू भी हमारे साथ तोपों के सामने खड़ा होने के लिए आ जाना। अगर तुझमें इतनी हिम्मत न हो तो हम तुझे पहनने को चूड़ियाँ और ओढ़ने को चुनरी देंगी।' "

सत्याग्रह आरम्भ होने से पूर्व पटेल ने सरकार को लिखा–

"मेरी प्रार्थना इतनी ही है कि लोगों के साथ न्याय करने के लिए सरकार कम-से-कम इतना करे कि नई जमाबन्दी के अनुसार लगान-वसूली का काम फिलहाल मुल्तवी कर दे और सारे मामले की जाँच नये सिरे से करे। इस जाँच में लोगों को अपना मामला पेश करने का मौका दिया जाए और सरकार आश्वासन दे कि लोगों की बातों पर पूरा ध्यान दिया जाएगा ...संभव है, यह लड़ाई तीव्र रूप धारण करे। परन्तु इसे रोकना आपके हाथ में है। रूबरू मिलने की ज़रूरत मालूम हो तो जब आप बुलाएँ तब मैं मिलने आने को तैयार हूँ।"

पटेल के उक्त पत्र का सरकार की ओर से उत्तर था–

"नई जमाबन्दी को मंजूरी देने वाले सरकारी प्रस्ताव में कहा गया है कि दूसरी जमाबन्दी होने तक के वर्षों में इस ताल्लुके का इतिहास सतत बढ़ती हुई खुशहाली का होगा। गवर्नर महोदय इस कथन पर आग्रह के साथ कायम हैं। पिछले तीस वर्षों का बारडोली और चौरासी ताल्लुकों का इतिहास इस भविष्यवाणी का पूरा समर्थन करता है।...अब नई जमाबन्दी के अनुसार वसूली का काम स्थगित करने या जमाबन्दी पर पुनर्विचार करने या और किसी किस्म की राहत देने के लिए सरकार तैयार नहीं। इस प्रकार की घोषणा के बावजूद बारडोली के लोग अपनी ही बुद्धि के अनुसार चलकर या बाहर वालों की सिखावट में आकर लगान देने में गलती करेंगे, तो लगान कानून के अनुसार जो कार्रवाई की जानी चाहिए, उसे करने में गवर्नर और

उनकी कौंसिल को ज़रा भी संकोच नहीं होगा। उसके परिणामस्वरूप लगान न देने वालों को जानबझूकर जो नुकसान उठाना पड़ेगा उसके लिए सरकार जिम्मेदार नहीं होगी।''

जब सरकार ने सुलह के सारे दरवाज़े बन्द कर दिए तब पटेल ने अपने भाषणों द्वारा किसानों को ललकारा और उनमें कर्मठता, उत्साह, ज़ोश भर दिया अटूट निष्ठा भरते हुए कई भाषण दिए।

सरकार के असहयोगात्मक रुख को देखकर वल्लभभाई अपनी योजना को अमली जामा पहनाने लगे। पुनः किसानों की बैठक बुलाई गई। उसी में सत्याग्रह आन्दोलन करने का प्रस्ताव सर्वसम्मति से पारित किया गया। प्रतिज्ञा पत्र पर आन्दोलनकारियों ने अपने हस्ताक्षर किए। जगह-जगह शिविर तम्बू लगाए गए। आन्दोलनकारियों के आवास भोजन आदि का प्रबंध किया जाने लगा। पत्रिका के प्रकाशन की व्यवस्था की गई। बारडोली तालुका के वरिष्ठ कार्यकर्ता थे—कल्याणं जी भाई केशव भाई, कुंवर जी भाई, सुशील भाई आदि। तालुका के भिन्न-भिन्न केंद्रों का प्रबंध करने के लिए जो लोग बाहर से आमंत्रित किए गए थे, उनमें से प्रमुख थे—अब्बास साहब तैय्यब जी, मोहनलाल पंड्या, रविशंकर महाराज, डॉ. चंदूभाई देसाई, दरबार साहब गोरधन दास चोखा वाला, डॉ. सुमंत मेहता एवं शारदा बहन आदि। प्रकाशन विभाग का कार्य जुगतराम भाई, कल्याण जी भाई, एवं प्यारेलाल भाई को सौंपा गया। माणिक लाल कोठरी को धन संग्रह का जिम्मा सौंपा गया। काठियावाड़ के फूलचंद भाई, उनकी पत्नी श्रीमती शारदा बेन भाई, शिवानन्द एवं रामनारायण पाठक आदि भी इसमें सहयोग करने के लिए बुलाए गए।

सरकार की दमनकारी नीतियों पर अमल शुरू हो गया। पटवारियों ने किसानों को मारना-पीटना शुरू कर दिया। कुर्की के आदेश जारी होने लगे। सरकारी नुमाइंदे किसानों पर कहर ढहाने लगे। कुर्की अधिकारियों की मदद देने के लिए बम्बई के गुंडे, मवाली, बदमाश कुख्यात पठान आ गए। माताओं-बहनों-बहुओं की इज्जत पर डाका डाला जाने लगा। लोगों ने अपने को घरों में कैद कर लिया। उनके ढोर-डंगर भी घर में रखे जाने लगे।

इन सब घटनाओं को लेकर गाँधी जी के अपने संदेश प्रकाशित होने लगे, ''देखना, हिम्मत मत हारना, सत्याग्रही की हार कभी नहीं होती। बारडोली का सत्याग्रह भारतीय आजादी का सत्याग्रह है। तुम देश के लिए लड़ रहे हो, मानव कल्याण के लिए लड़ रहे हो। यह असत्य के विरुद्ध सत्य का संघर्ष है।''

सरकार और आन्दोलनकारी अपने-अपने निश्चय पर डटे रहे। किसान वल्लभभाई जैसे कुशल संगठनकारी नेता के नेतृत्व में एकजुट रहे। यहाँ तक कि बच्चे बूढ़े, युवक, युवतियाँ सबके लिए अन्न, जल की समस्या ने विकराल रूप धारण कर लिया। स्नान, स्वच्छता आदि के अभाव में दिनचर्या अव्यवस्थित हो गई। अनेक सत्याग्रहियों को रोगों ने घेरना शुरू कर दिया। स्वच्छता की कमी से शरीर में घाव होने लगे। पर ऐसे कष्टों को भी झेलते हुए आन्दोलनकारी अपने हक, अधिकार के लिए डटे रहे।

अंग्रेज सरकार की आन्दोलनकारियों के प्रति निर्ममता, अमानवीय व्यवहार अन्याय, अत्याचार, शोषण आदि ने पूरे देश का ध्यान बारडोली सत्याग्रह की ओर खींचा। पूरा देश उनके समर्थन में खड़ा हो गया। आन्दोलन की सफलता के लिए लोगों ने धन संग्रह करने में देर नहीं लगाई। देशप्रेमी पटवारियों ने नौकरी से त्यागपत्र दे दिया। देश के प्रतिष्ठित नेताओं पुरुषोत्तम दास, ठाकुरदास, व्यापार जगत् से जुड़े हृदय नारायण कुजरू, श्री वझे आदि ने सरकार से किसानों के प्रति मानवतापूर्ण व्यवहार अपनाने की पुरजोर अपीलें कीं। लेकिन सरकार ने अपनी हेठी नहीं छोड़ी।

वल्लभभाई का कहना था, ''आम को बेवक्त तोड़ेंगे तो खट्टा लगेगा और दाँत खट्टे हो जाएँगे। परंतु उसे पकने देंगे तो वह अपने आप गिर पड़ेगा और अमृत जैसा लगेगा। अभी समझौते का समय नहीं आया है। समझौता कब होगा? जब सरकार की मनोदशा बदलेगी, जब उसका हृदय परिवर्तन होगा, तब समझौता होगा। तब हमें लगेगा कि उसमें कुछ मिठास है। अभी तो सरकार ईर्ष्या, द्वेष से जल रही है।''

बारडोली संग्राम मजे में चल रहा है। जिस तेज़ी से जब्ती के नोटिस

तामील किए जा रहे हैं, उससे तो कुछ ही दिनों में सारा का सारा बारडोली ताल्लुका सरकार के हाथों में चला जाना चाहिए और तब सरकार अपने बेशकीमती लगान से हजार गुना अधिक वसूल कर लेगी। बारडोली के लोग अगर बहादुर हैं तो खेती-बाड़ी की बेदखली से उनका कुछ नहीं बिगड़ेगा। उनकी संपत्ति जाती रहेगी मगर उनके पास बच जाएगी उनकी इज़्ज़त, जो हर एक भले स्त्री और पुरुष को प्राणों से भी प्यारी होनी चाहिए। जिनके मन दृढ़ हैं, जिनके हाथों में बल है उन्हें धन-संपत्ति की हानि से कभी नहीं डरना चाहिए।

मगर जब्ती के नोटिस जब कामयाब न हुए तो सरकार ने कार्यकर्ताओं को जेलों में ठूँसना शुरू कर दिया। पंजाब मार्शल लॉ के दिनों में जैसे मुकदमे चलाने के मखौल देखने में आए थे, आजकल वैसे ही नकली मुकदमे चलाए जा रहे हैं। प्रोसिक्यूटर साहेब की सजा देने की माँग की और उन्हें खुश करने में प्रयत्नशील स्पेशल मजिस्ट्रेट साहेब तुरन्त ही ऐसी सजाएँ दे देते हैं जिससे किसी को फिर वैसा करने का साहस न हो। सभी को सख्त कैद की ही सजा दी जाती है। इनसे भी बेदखली की तरह स्वेच्छापूर्वक कष्ट सहने वालों का भला ही होगा। स्वेच्छापूर्वक कष्ट सहने वाले को कष्ट से कभी नुकसान नहीं पहुँचता।

मगर जो बात दिल में खटकती है वह है अफसरों की बेईमानी और उनकी अपमानजनक उद्धतता। गुजरात के उत्तरी खण्ड के आयुक्त ने एक आदमी को पत्र लिखा है जिसमें अपमानजनक लांछन और झूठी बातें भरी पड़ी हैं।

यह कहना सरासर झूठा लांछन लगाना है कि यह आन्दोलन खेड़ा के आन्दोलनकारियों का शुरू किया हुआ है। यह आन्दोलन तो खुद बारडोलों ने ही अपनी प्रेरणा से आप शुरू किया था। उन्होंने केवल एक आदमी की मदद और सलाह ली थी। और वे थे श्रीयुत वल्लभभाई पटेल, जिनको मेरा ख़याल है कि आयुक्त थोड़ा-बहुत जानते हैं। यह तो पाठक ही निर्णय करें कि सचमुच उन्हें उसी अर्थ में आन्दोलक कहा जा सकता है या नहीं, जिस अर्थ में आयुक्त ने कहना चाहा है।

कार्यकर्ताओं का वर्णन इस प्रकार किया गया है—

"यह तो आन्दोलनकारियों का एक गिरोह है जो बारडोली वालों की मदद पर ही जीता है और जो उनको गलत राह पर ले जाता है।"

यह ऐसा अपमान है कि यदि राष्ट्र के दिन अच्छे होते और राष्ट्र को अपनी शक्ति का भान होता, तो आयुक्त को माफी माँगने पर लाचार किया जाता। उनको मालूम होना चाहिए कि गुस्से और शक्ति के मद में वह जिन्हें 'आन्दोलनकारियों का गिरोह' कहते हैं, वे राष्ट्र के सम्माननीय सेवक हैं जो काफी त्याग करके बारडोली की सेवा मुफ्त में कर रहे हैं। इन लोगों में वल्लभभाई के अलावा, जो खुद बैरिस्टर हैं, वयोवृद्ध अब्बास तैय्यबजी हैं, वे भी एक बैरिस्टर हैं और बड़ौदा रियासत के प्रधान न्यायाधीश रह चुके हैं, इमाम साहब बावजीर हैं, जो तकरीबन एक फकीर ही हैं, और जिन्हें अपनी रोटियों के लिए बारडोली से कुछ लेने की जरूरत नहीं है, और हैं डॉक्टर सुमन्त मेहता और उन्हीं के समान उनकी सुसंस्कृत पत्नी। डॉक्टर सुमन्त मेहता, जो पिछले काफी अर्से से बीमार रहते हैं, अपने स्वास्थ्य को खतरे में डालकर बारडोली गए हैं। इन चारों में से खेड़ा का कोई नहीं है। फिर हैं ढासा के दरबार साहब चन्दूलाल और उनकी बहादुर पत्नी अक्तिबा, जिन्होंने देश के लिए अपनी रियासत का बलिदान किया है। ये लोग बारडोली के लोगों पर नहीं जीते। इनके अलावा और लोगों में डॉक्टर चन्दूलाल और त्रिभुवनदास हैं, वे भी खेड़ा के नहीं हैं। फिर फूलचन्द शाह, उनकी पत्नी तथा उनके योग्य सहायक शिवानन्द (जो जेल भेजे जा चुके हैं) के नाम जोड़ दीजिए। इनमें भी खेड़ा का कोई नहीं है और ये कई वर्षों से शान्तिपूर्ण सेवा में लगे हुए हैं। यह तो बारडोली की करुण पुकार है, जो इन लोगों की तथा दूसरों की, जिनके नाम मैं गिना सकता हूँ, वहाँ खींच लाई है। अगर आयुक्त को अपनी इज़्ज़त का ज़रा भी ख़याल है तो वह इन महिलाओं और भद्र पुरुषों से अपने आप क्षमा माँगेंगे। इतने अधिक कार्यकर्ताओं के बीच, सच पूछो तो खेड़ा के कार्यकर्ता दाल में नमक के बराबर भी नहीं हैं।

आयुक्त ने बड़ी शान से बम्बई कौंसिल के विरुद्ध मत को प्रकाशित

किया है और बड़ी सफाई से स्वार्थवश कौंसिल के पहले दो प्रस्तावों का जिक्र किया है। वे प्रस्ताव सरकार के विरुद्ध थे और सरकार ने उन्हें इतना हेय माना था कि उन पर विचार करने की भी या उनका ज़िक्र करने की भी ज़रूरत नहीं समझी थी।

आयुक्त ने काम की इस महत्त्वपूर्ण बात को छिपाया है, दबाया है कि सत्याग्रह शुरू करने के पहले, बारडोली के किसानों ने वे सभी उपाय काम में लाकर देख लिए थे, जिन्हें वैध कहते हैं किन्तु उनसे शिकायत दूर न हुई, बल्कि वे बिल्कुल असफल रहे।

आयुक्त का यह कहना लोगों की आँखों में धूल झोंकना है कि अगर दुःखद अनुभवों के बाद बारडोली के लोग सत्याग्रह बन्द कर दें, तो वे उन गाँवों के मामले की जाँच बखुशी करेंगे, जिनके वर्गीकरण में भूल मालूम पड़ेगी। वह इस सत्य को छिपाते हैं कि विचारणीय प्रश्न यह नहीं है कि इस गाँव या उस गाँव के वर्गीकरण में भूल है या नहीं, बल्कि बात तो यह है कि लगान निश्चित करने का सारा तरीका ही स्पष्टतः गलत है। बारडोली वाले इस बात पर अड़े हुए नहीं हैं कि उनका ही दावा सही है, बल्कि वे एक स्वतंत्र और निष्पक्ष न्यायाधिकरण की माँग करते हैं, जो उनकी शिकायत की न्यायता की जाँच करे। न्यायाधिकरण का जो कुछ भी फैसला होगा वे उसे मानने को तैयार हैं। यहाँ लगान देने से जी चुराने का सवाल ही नहीं है, व्यक्तिगत शिकायतें दूर करने का सवाल ही नहीं है। सवाल तो यहाँ सिद्धान्त का है। बारडोली वाले तो सरकार के इस हक को मानने से इनकार करते हैं कि वह जब चाहे, बिना यथोचित जाँच के लगान में कुछ भी बढ़ती कर सकती है। मैं यह भी कह दूँ कि यह आन्दोलन किसी राजनीतिक उद्देश्य के लिए किया गया लगान-बन्दी का आन्दोलन नहीं है। यह आन्दोलन एक ऐसी स्पष्ट निर्धारित शिकायत के विरुद्ध है जिसका एक ताल्लुके के सभी लोगों पर असर पड़ता है।

इसलिए आयुक्त का यह कहना शेखी और झूठ की हद है कि :

"मुझसे अधिक इस बात के लिए और कोई चिन्तित नहीं है कि गरीब

किसानों को उन पर जीने वाले आन्दोलनकारियों का गिरोह गलत रास्ते से जाकर उनका सर्वनाश न करा दे।

खेड़ा जिले में पाँच ताल्लुके हैं जहाँ से ये आन्दोलनकारी आते हैं। बाढ़ के कारण वहाँ के लगान में रद्दोबदल दो वर्षों के लिए मुल्तवी कर दिया गया है। पिछले 7-8 महीनों में सरकार ने बाढ़-संकट-निवारण के लिए खेड़ा जिले में कोई 50 लाख तक का तकावी कर्ज़ दिया है। अगर इन आन्दोलनकारियों को बारडोली में सफलता मिल गई तो खेड़ा जिले में लगान और तकावी का वसूल होना खतरे में पड़ जाएगा।''

अगर आन्दोलनकारियों को सफलता मिली तो खेड़ा का तकावी कर्ज़ वसूल होना खतरे में नहीं पड़ेगा। अगर कर्ज़ लेने वालों ने उसे लौटाने में आनाकानी की तो सरकार देखेगी कि आन्दोलनकारियों के मुखिया वल्लभभाई पटेल उसके अवैतनिक पटवारी बनकर कर्ज़ वसूल करते फिरेंगे। आन्दोलनकारियों की सफलता से यह अवश्य होगा कि सरकारी अफसरों को सम्मानित लोक-सेवकों का अपमान करने का साहस न होगा, झूठी बातें कहने की हिम्मत न होगी, जैसी कि हिम्मत गुजरात के उत्तरी खण्ड के आयुक्त ने दिखलाई है, और लोग बारडोली के बारे में जिस अत्यन्त अनुचित और अन्यायपूर्ण लगान लगाए जाने की बात कही जा रही है, वैसे लगान से राहत पा सकेंगे।

जनता से भी एक बात कहनी है। सरकार ने अपनी बुद्धिमानी से और इस बात पर जोर देने के लिए कि शासन की सफलता प्रजा में फूट डालने पर निर्भर है, बारडोली जैसे हिन्दू-बहुल प्रदेश में मुसलमान अफसरों और पठानों को ला बुलाया है। बतौर सत्याग्रही के, लोग चाहें तो सहज ही सरकार को मात दे सकते हैं। वे अफसरों और पठानों के साथ मित्रता का बरताव करें। वे उन पर न तो अविश्वास करें, न उनसे ज़रा भी डरें और न उन्हें तकलीफ पहुँचाएँ। अफसर तो हमारे देशबन्धु हैं और पठान पड़ोसी हैं। शीघ्र ही सरकार अपनी भूल देख लेगी और जान जाएगी कि हिन्दुओं की इज्ज़त मुसलमानों को भी वैसी ही प्यारी है जैसी मुसलमानों की हिन्दुओं को। बारडोली वालों को यह बात कार्यरूप में व्यक्त करके दिखाने का अवसर मिला है, वे सत्याग्रह के

उस नियम की सफलता को सिद्ध करें जो कि प्रेम का नियम है, जो एक स्वेच्छाचारी आयुक्त के पाषाण हृदय को भी पिघला सकता है।

बारडोली का माहात्म्य

बारडोली सत्याग्रह का तेज दिन-प्रतिदिन बढ़ता जाता है। मुझे अभी-अभी विट्ठलभाई पटेल का पत्र मिला है। उसको पढ़ कर किसका हृदय प्रसन्नता से न नाच उठेगा?''' किन्तु श्री विट्ठलभाई पटेल ने जिस आशा को लेकर यह पत्र लिखा है उसे फलवती करना बारडोली के सत्याग्रहियों के ही हाथ में है। विट्ठलभाई के पत्र के साथ ही सरकारी विज्ञप्ति प्रकाशित हुई है। उस विज्ञप्ति का आशय यह है कि सत्याग्रही असत्याग्रही हैं। वे भीरु हैं और भीरु होने से चोरी-छिपे लगान दे जाते हैं। विज्ञप्ति में ऐसी दूसरी बातें भी हैं जो सत्याग्रहियों के लिए विचार करने योग्य हैं। सरकार ने अपनी आशाओं का किला लोगों की दुर्बलता पर बनाकर रखा है। जबकि सत्याग्रहियों और विट्ठलभाई जैसे उनके हितैषियों की आशा का हिमालय उनकी वीरता और दृढ़ता पर खड़ा हुआ है। किला मनुष्यकृत होता है, इसलिए वह टूट जाता है। हिमालय ईश्वर की प्रसादी होने से अटल रहता है। यदि वह टूटेगा तो प्रलय हो जाएगी। यह सच ही है कि मनुष्य अपनी बेड़ी स्वयं ही बनाता है और वह स्वयं ही उसको तोड़ भी सकता है। इस बात को सिद्ध करने के लिए ही बारडोली में यह यज्ञ चल रहा है। [गुजराती से] नवजीवन 3.6.1928

सत्याग्रह आश्रम, साबरमती

3 जून, 1928

भाई श्री वल्लभभाई,

इसके साथ गवर्नर को लिखे जवाब का मसविदा भेज रहा हूँ। संघर्ष अच्छा चल रहा है। चिरंजीवी होओ। मेरी ज़रूरत हो तो पत्र लिख देना या तार करना। तुम पकड़े जाओगे, यह अफ़वाह सुनने में आती है। पकड़े गए तो कुछ आराम मिलेगा और न पकड़े गए तो हमने कभी हार न मानने की सौगन्ध ली है न?

[गुजराती से] —बापू

मैं आशा करता हूँ कि बारडोली-दिवस, आगामी 12 जून को सारे हिन्दुस्तान में उचित ढंग से और उत्साह से मनाया जाएगा। इसे मनाने का सबसे अच्छा तरीका यह है कि जहाँ कहीं संभव हो काम बन्द रखा जाए, और सारा दिन बारडोली पीड़ितों की और इस संघर्ष के संचालन में श्रीयुत वल्लभभाई पटेल तथा उनके कार्यकर्ताओं की सहायता के लिए धन जमा करने में लगाया जाए। सार्वजनिक सभाएँ की जाएँ, जिनमें और ज्यादा चन्दा जमा किया जाए और सत्याग्रहियों की माँगों के समर्थन में और सरकार के जुल्मों के विरोध में प्रस्ताव पास किए जाएँ। स्वयंसेवकों की माँग करने की आवश्यकता नहीं है, क्योंकि श्रीयुत वल्लभभाई के पास उनके काम लायक काफी स्वयंसेवक हैं। देश के सब भागों से स्वयंसेवक भेजे जाने के प्रस्ताव आए हैं। अगर अधिक की जरूरत हुई तो मुझे इसमें ज़रा भी शक नहीं कि सारे देश में स्वयंसेवक तैयार बैठे हैं। महाराष्ट्र, सिन्ध और दूसरे प्रान्तों से मित्रों ने मुझे सन्देश भेजे हैं कि वल्लभभाई इस बात का भरोसा रख सकते हैं कि उन्हें लगभग अनगिनत स्वयंसेवक मिल सकते हैं। इन शब्दों में जो आशावादिता व्यक्त हुई है, मुमकिन है वह बहुत ज्यादा हो किन्तु उसमें उचित कमी करने के बाद भी यह तो बेशक कहा जा सकता है कि अगर जरूरत पड़ी और माँग हुई तो पुरुष और स्त्रियाँ यथेष्ट संख्या में सामने आएँगे।
[अंग्रेज़ी से] यंग इंडिया 7.6.1928

आश्रम

बुधवार, ज्येष्ठवदी 3 [6 जून, 1928]

भाई श्री वल्लभभाई,

...मुझे लगता है कि जो समिति नियुक्त की जाएगी यदि उसका निर्णय किसानों के विरुद्ध जाता है, तो उसके अनुसार उनको जो धन देना पड़ सकता है, उसे आज ही बैंक में रखने की शर्त को हम कबूल नहीं कर सकते। मैं देखता हूँ कि समिति के प्रति वल्लभभाई और किसानों को अविश्वास है। अभी तो किसान इस बात पर लड़ रहे हैं कि लगान में अनुचित वृद्धि की गई है किन्तु जिस समिति के निर्णय से बँधना उन्होंने स्वीकार किया है, उसका

निर्णय उनके विरुद्ध जाए तो भी वह पैसा न भरेंगे या वल्लभभाई उनकी सहायता नहीं करेंगे, ऐसा मान बैठने के लिए सरकार के पास कोई कारण नहीं है। अतः अपने स्वाभिमान की खातिर भी हम पैसा बैंक में रखने की शर्त को कबूल नहीं कर सकते। लोगों का पूरा इकरारनामा सार्वजनिक रूप से होगा। वल्लभभाई का इकरारनामा भी सार्वजनिक रूप से होगा। बढ़ी हुई रकम को छोड़कर लगान अर्थात् पाँच लाख तो लोग भर ही देंगे। बाकी की रकम को वसूल करना तो सरकार के लिए बहुत आसान काम होना चाहिए। किसी भी रीति से बढ़ी हुई रकम को वसूल करने की बात में मुझे बदनीयती की गन्ध आती है। नाममात्र के लिए किसी समिति को नियुक्त कर दिया जाए, तो उससे हमें सन्तोष नहीं होगा। फिर यह समिति निष्पक्ष और खुली होनी चाहिए। लोगों के इतना साहस दिखाने के बाद हमें ढीला पड़ने का कोई अधिकार नहीं है। अन्त में लोगों को हारना ही पड़ा तो हारेंगे, किन्तु हमें तो उनके हारने में योग नहीं देना चाहिए।…

[गुजराती से] —बापू

बारडोली यज्ञ

बारडोली में लड़ा जाने वाला सत्याग्रह एक प्रकार का यज्ञ ही है। पारमार्थिक कार्यमात्र यज्ञ कहलाता है। बारडोली के किसान व्यक्तिगत स्वार्थ के लिए नहीं, बल्कि सामाजिक लाभ के लिए, स्वाभिमान के लिए लड़ रहे हैं, इसलिए यह यज्ञ है। आहुति भी उसमें रोज पड़ रही है। अन्तिम आहुति की खबर अभी-अभी आई है। वह इस प्रकार है :

सरकार की विज्ञप्ति का यह करारा जवाब गिना जाएगा। पटेलों और तलारियों ने इस प्रकार जो वीरता दिखलाई है, मैं उसके लिए उन्हें धन्यवाद देता हूँ। मैं आशा करता हूँ कि वे इस निश्चय से डिगेंगे नहीं, और न उसके लिए कभी पछताएँगे ही।

सरकारी नौकरी का मोह टूटना बहुत ज़रूरी है। जिसके हाथ-पैर मजबूत हैं और जो उद्यमी है, उसके लिए ईमानदारी से रोटी कमाने में मुश्किल नहीं

होती। सरकारी नौकरी करने वाले को लोगों को लूटने का जो अवसर मिलता है, उसे अच्छा मौका समझने के बदले एक बुरी बात समझकर उससे दूर रहना सीखें, तो सरकार के हाथ-पैर ढीले पड़ जाएँ। हमारे ही आदमी सरकार के हाथ और पैर हैं। वे हट जाएँ तो सरकार की तोप और बन्दूक तथा हवाई जहाज सब निरर्थक हो जाएँ।

सरकार की विज्ञप्ति में असत्य, अविनय और प्रजा-पक्ष का तिरस्कार भरा है। सरकार ने जो लालच दिखलाया है, मैं आशा करता हूँ कि उसमें बारडोली का कोई किसान नहीं फँसेगा।

सरकार ने साम, दाम, दण्ड और भेद का पूरा उपयोग किया है और अभी कर रही है। इसमें दण्ड तो कम-से-कम दूषित वस्तु है। दण्ड को हम पहचान सकते हैं। उसे सहन कर लें, तो उसके भय से उबर गए।

साम, दाम और भेद सूक्ष्म वस्तुएँ हैं। उसमें प्रलोभन हैं। इसलिए जिस तरह मछली काँटे पर लगी आटे की गोली को चाटने जाती है और उसमें फँस जाती है, उसी तरह इस जहरीली त्रिवेणी में भोले और भीरु लोग फँस जाते हैं। 19 जून के पहले लगान भरने वाले को जिस सुभीते का लालच दिया गया है, वह 'दाम-नीति' है। उस घूस के मधु में मक्खी के समान फँसकर एक भी किसान अपनी प्रतिज्ञा न तोड़ेगा, ऐसी आशा रखने का प्रजा को अधिकार है। सारे भारतवर्ष पर बारडोली ने जिस निडरता और सहनशीलता की छाप डाली है, उसे वह कभी नष्ट न होने दे। भेद-नीति दाम-नीति से भी गई-बीती है।

अनेक तरह की अफवाहें सुनने में आ रही हैं। कोई कहता है कि सरकार समझौता करना चाहती है। कोई कहता है कि लोग कमज़ोर पड़ गए हैं, कोई कहता है कि लोग जा-जाकर चोरी से लगान भरने लगे हैं, कोई कहता है कि बाहर से आए हुए श्री वल्लभभाई और उनके साथियों के डर के कारण लोग लगान नहीं चुका रहे हैं, नहीं तो बेचारे किसान लगान देकर शान्ति से बैठ जाना चाहते हैं।

यह सब भेद-नीति है। मेरे कहने का यह आशय तो नहीं कि ऐसा कहने की प्रेरणा कोई खास आदमी देता है, किन्तु जिस शासन में ऊपर

बतलाई चार नीतियों को स्थान मिला है, वहाँ वह इनके जरिये काम करता है। सारा नौकर वर्ग समझता है कि सरकारी नीति के अनुकूल बनने में ही हमारे वेतन और ओहदे की वृद्धि छिपी हुई है। भीष्म, द्रोणादि को भी धर्मराज के आगे अपना पेट दिखलाना पड़ा था।

इसलिए जैसे-जैसे लड़ाई जमती जाएगी भेद-नीति में वृद्धि होती जाएगी। इस मोहजाल से सभी सत्याग्रही दूर भागें, एक भी अफवाह न मानें, जो कुछ सुनें, सरदार के पास पेश करके खुद उसे भूल जाएँ। सत्याग्रही का समाधान एक ही होता है। जहाँ उसकी प्रतिज्ञा का पालन पूरा हुआ, वहाँ उसका काम समाप्त हो गया। वह अधिक न माँगे और कम से सन्तोष न करे। उसने तो अपनी प्रतिज्ञा की वेदी पर प्यारी से प्यारी वस्तु को होम करने का निश्चय कर लिया है। ऐसे आदमी का अफ़वाहों से क्या सम्बन्ध? फिर जो अपने माने हुए सरदार को पराया बनाने का उजड्डपन दिखाए, उसके वचनों से भ्रम में क्या पड़ना? समझौता होना होगा तो सरदार चेतावनी देगा ही।

चुपचाप लगान भरने वालों की बात से भुलावे में पड़ने की ज़रूरत नहीं है। हर एक कौम में कुछ निर्बल व्यक्ति तो होते ही हैं। मेरा अनुभव यह है कि डर के मारे चुपचाप दबाव मान लेने वाले कम होते हैं, किन्तु उनकी संख्या ज्यादा बताई जाती है। इसलिए सत्याग्रही को चोरी-छिपे लगान भरने की बात न मानना ही शोभा देगा। वह माने कि मुझमें जो शक्ति है, वह दूसरे में भी हो सकती है। किन्तु अन्त में चोरी-छिपे हुक्म मान लेने वाले निकल भी आएँ तो निराश न हों। धर्म तो उसका है जो उसे पालता है।

"हरिनो मारग छे शूरानो।
नहिं कायरनू काम जोने।"

[गुजराती से] नवजीवन, 10.6.1928

बारडोली-दिवस

12 जून का दिन बारडोली के सत्याग्रहियों से सहानुभूति प्रकट करने के लिए और उनको अन्य प्रकार की सहायता देने के लिए नियत किया गया

है। हम इस दिन को किस तरह मनाएँ? सत्याग्रह की सभी लड़ाइयाँ आत्म-शुद्धि की लड़ाइयाँ होती हैं। सत्याग्रही अपने सत्य की विजय अपनी शुद्धि से, अपनी तपस्या से प्राप्त करने का प्रयत्न करता है और इसी प्रयत्न में विश्वास रखता है। इसलिए 12 जून को हम जितने शुद्ध हो सकें, हमें उतना शुद्ध होना चाहिए और हमें ईश्वर से प्रार्थना करनी चाहिए कि वह हमें सत्य की इस जय में जितने भी दुःख आएँ, उनको सहन करने की शक्ति दे। यह सहायता प्रथम कोटि की सहायता है। बारडोली गुजरात में है, इसलिए बारडोली के प्रति अन्य प्रान्तों की अपेक्षा गुजरात का कर्तव्य कुछ अधिक है, गुजरात ऐसा समझकर 12 जून को आत्मशुद्धि का यज्ञ करे। यदि संभव हो, तो सभी जगह उस दिन लोग स्वेच्छा से अपना सामान्य कामकाज अथवा आजीविका का धन्धा बन्द रखें और बारडोली की लड़ाई में सहायता देने के लिए धनसंग्रह करें। वे शाम के वक्त बड़ी-बड़ी सभाएँ करें और उनमें लड़ाई के प्रति सहानुभूति-सूचक और सरकार की अराजकता के प्रति रोष-सूचक प्रस्ताव पास करें और दिन में जिन लोगों से चन्दा लेना रह गया हो, वे यदि सभा में आए हों तो उनसे चन्दा लें।

[गुजराती से] नवजीवन, 10.6.1928

बारडोली की बलि

बारडोली स्वेच्छा से स्वीकार किए हुए कष्ट और बम्बई सरकार की निरंकुशता से पीड़ित है। इन दोनों बातों के उदाहरण महादेव देसाई की बारडोली सम्बन्धी टिप्पणियों में मिलेंगे। सरकार मानो मक्खी मारने जैसी बात के लिए एड़ी-चोटी का पसीना एक कर रही है। बढ़ाए गए लगान के 1,00,000 रुपये के लिए, जो सरकार के लिए छोटी-सी रकम है, वह शक्ति, असत्य खुशामद और घूस का सहारा ले रही है। ये शब्द कठोर हैं, किन्तु सरकार की कार्रवाइयों को देखते हुए कदापि कठोर नहीं हैं। सरकार द्वारा किया जा रहा शक्ति प्रयोग इतना प्रत्यक्ष है कि उसे कोई भी देख सकता है। यों तो जब सत्ता शक्ति का प्रयोग करने में असमर्थ होती है तब भी वह

उसका दिखावा करती है, किन्तु इस मामले में तो वह अपर्याप्त शक्ति का प्रयोग कर रही है। शक्ति-प्रयोग दिखाई दे रहा है, इसलिए वह अन्य तरीकों से कम खतरनाक है। दूसरे तीन तरीके शरारत से भरे हुए हैं क्योंकि वे अदृश्य हैं।

आयुक्त का अशिष्ट पत्र और सरकार की छलपूर्ण विज्ञप्ति उस असत्य के उदाहरण हैं जिसका आचरण अकर्तव्यों के रूप में और कर्तव्यों की उपेक्षा के रूप में किया गया है। जब यह काण्ड समाप्त हो चुकेगा, खुशामद और घूस के उदाहरणों का पता तो हमें तब चलेगा। हमें मालूम है कि पंजाब के मार्शल लॉ के शासन में उन लोगों को, जो मनुष्यत्व से गिर गए थे, उपाधियाँ दी गई थीं और उनकी पदोन्नति की गई थी। यहाँ बारडोली में, जो अभी छोटा पंजाब जैसा है, उन्हीं घटनाओं की पुनरावृत्ति होगी। सरकार जब किसी से अपने लिए कोई आपत्तिजनक कार्य कराना चाहती है, तब वह लोभ आदि के जिन सूक्ष्म रूपों का सहारा लेती है, मैं उनका वर्णन यहाँ नहीं करूँगा। ज्यादातर सरकारें (साम, दाम, दण्ड, भेद) चारों तरीकों का सहारा लेती हैं, किन्तु सबसे ज्यादा दुःख इस बात से है कि बम्बई सरकार इन सारी शक्तियों का प्रयोग उन लोगों की गर्वीली भावना को कुचलने के लिए खुलकर कर रही है, जो अपने सीधेपन और भोलेपन के लिए प्रसिद्ध हैं। यह कहना कि वे कानून तोड़ने वाले हैं, एक घृणित, झूठा आरोप है। यदि कोई मनुष्य जिस दायित्व को स्वीकार नहीं करता, उसका कानून द्वारा प्रतिवाद कर सकता है, तो लोग जिस लगान को शासन द्वारा अपने ऊपर अन्यायपूर्वक थोपा गया मानते हैं, उसका कानून द्वारा प्रतिवाद क्यों न करें? और सरकार जिस लगान को वाजिब समझती है, उसकी वसूली के लिए उन्हीं दीवानी कानूनों को काम में लाकर सन्तुष्ट क्यों नहीं हो सकती, जो अन्य व्यक्तियों के लिए खुले हैं?

किन्तु बारडोली के लोगों को मनमाने तौर पर जो कष्ट दिए जा रहे हैं उससे वे ऊँचे उठे हैं, क्योंकि वे उसके लिए तैयार थे। सीधे-सादे किसानों ने जो बहादुरी का रुख अपनाया है उससे सरकार की वह इज्ज़त, जिसको

बनाए रखने के लिए सरकार जी-जान से कोशिशें कर रही है···बहुत कम हो गई है।

किन्तु एक पापी और क्रूर सत्ता द्वारा दिए गए कष्ट से अधिक आत्मशुद्धि करनेवाला कष्ट तो वह है, जिसे वे स्वयं अपने ऊपर ले रहे हैं। मेरा संकेत बारडोली और बालोड के तिरसठ पटेलों और ग्यारह तलाटियों के त्यागपत्रों की ओर है। इन लोगों के लिए अपने पदों को छोड़ना कोई छोटी बात नहीं है। उन्होंने अब तक अक्सर इन पदों का उपयोग अपने साधारण वेतनों में गैर-कानूनी वृद्धि करने में किया है। इन जैसे लोगों के लिए अपनी नौकरियाँ छोड़ना बड़े सरकारी अधिकारियों की अपेक्षा अधिक कठिन है। किन्तु कष्ट सहन और वीरता तो विनीत लोगों की निशानी है। मैं इन पटेलों और तलाटियों को सादर बधाई देता हूँ। उनको यह ज्ञात होना चाहिए कि समस्त भारत ने उनके बलिदान की सराहना की है। जैसा बलिदान उन्होंने किया है, वैसा बलिदान करने से ही हमें स्वतंत्रता मिलेगी। हम सरकारी पदों का लालच नहीं छोड़ सकते। सरकार हमारी इस कमज़ोरी को जानती है और इसका उपयोग अपनी ताकत को मजबूत करने के लिए करती है। किन्तु यदि हमें विश्वास हो कि जिसने हमें पैदा किया है वह हमारा पालन-पोषण भी अवश्य करेगा, यदि हम केवल उसकी इच्छा के अनुरूप आचरण करें, अर्थात् ईमानदारी से अपने हाथों और पैरों से काम करें, तो हम भूखे नहीं रहेंगे और सत्ता के सम्मुख कभी दीनता नहीं दिखाएँगे।

[अंग्रेजी से] यंग इंडिया, 14.6.1928

सरकार ने आन्दोलनकारियों की नाक में दम कर दिया है। वह बच्चे-महिलाएँ-युवा-वृद्ध जब को अपने-अपने ढंग से यातनाएँ दे रही थीं। उसके कारिंदों ने घर बार लूटे। पशुओं को खोल ले गए। उन्होंने घर खेत-खलिहान में आग लगा दी। पुनरपि आन्दोलनकारी अहिंसक बने रहे। यह देख वल्लभभाई की खुशी का ठिकाना न रहा। पुलिस ने आदमियों के साथ पशुओं को भी जेलों में ठूँस दिया। इतने पर भी सरकार की दाल नहीं गली तो उसकी तरफ से नित नये तुगलकी फरमान जारी होने लगे। उसने एक फरमान जारी

किया–"आम रास्तों के निकट या गलियों-कूचों में सार्वजनिक स्थलों पर ढोल, नगाड़े आदि बजाना अपराध माना जाएगा।"

यह फरमान सुन वल्लभभाई ने चुटकी ली, "गोले, बारूद से बात करने वाली सरकार ढोल-नगाड़ों से डर गई। अब ढोल बजाना बंद कर दो, ऐसे हुक्म निकालकर सरकार हमें फँसाना चाहती है। हमें जागते रहना चाहिए। हमें ढोल-नगाड़ों से कोई मतलब नहीं। हमें तो लोगों से लगान न देते को कहना है।"

एक दिन बालोड में आम जनता को वल्लभभाई सम्बोधित कर रहे थे। थाना पास में ही था। उसमें भैंसों को बाँध दिया गया था। वल्लभभाई का भाषण हो रहा था। अचानक भैंसें चिल्लाने लगीं। वल्लभभाई मजाकिया लहजे में बोले, "इन भैंसों की चीख सुनो। रिपोर्टरो, रिपोर्ट करो कि बालोड में भैंसें भाषण दे रही हैं। हमारे खेल-नगाड़ों से यह सरकार उलट रही है। अब इन भैंसों की आवाज सुनो। ये भैंसें पुकार-पुकार कर कह रही हैं कि इस राज में से इंसाफ मुँह छिपाकर भाग गया है।"

जेल के अँधेरे में रहने से भैंसों पर सफेदीपन आ गया था। इस पर उनकी वल्लभभाई की टिप्पणी थी–"अरे ये तो मड़ा मड़ी बन गईं, यानी गोरों की जेल में रहते काली भैंसें भी गोरी मैम जैसी बन गईं।"

वल्लभभाई की प्रेरणा एवं उद्बोधन से आन्दोलनकारियों का उत्साह बढ़ता ही जा रहा था। आन्दोलनकारियों को वश में करने के सरकारी हथकंडे बेकार हो गए। सरकार की मंशा समझौते की थी पर साँप भी मर जाए और लाठी न टूटे वाला अवसर नहीं मिल रहा था। के० एम० मुंशी बारडोली आए और जो कुछ देखा, सुना उसका विवरण बम्बई सरकार को लिख कर भेज दिया। वह लिखते हैं, "बारडोली तालुका में 80,000 पुरुष, स्त्रियाँ और बालक सुसंगठित विरोध दिखाने की भीष्म प्रतिज्ञा लेकर उसके पालन के लिए कृत निश्चय होकर खड़े हैं। आपके जब्ती करने वाले अधिकारियों को वहाँ कोई नहीं मिलता। हजामत बनवाने के लिए उन बेचारों को मीलों तक भटकना पड़ता है। आपके एक अधिकारी की मोटर कीचड़ में फँस गई

थी। यदि श्री वल्लभभाई वहाँ न होते तो उसकी मोटर उस कीचड़ में ही फँसी रहती। यह सब देखकर मेरा मन यह स्वीकार किए बिना नहीं रहा कि सरकारी रिपोर्ट में जो कह गया है कि यह आन्दोलन तो एक बनावटी आन्दोलन है और लोगों पर उनकी इच्छा के विरुद्ध लाद दिया गया है। वह नरम से नरम शब्दों में कहूँ तो बिल्कुल झूठ है।''

इस पत्र के प्रभाव से अभी तक जो नेता उदासीन बने थे वे भी सरकार पर समझौते के लिए दबाव बनाने लगे। इंग्लैंड में भी यह मुद्दा जोर शोर से उठ रहा था। पर सरकार अपने हठ पर अड़ी थी। वह कठोर से कठोर दमन नीति पर अमल कर रही थी। चुन्नी लाल मेहता जो बम्बई सरकार की कौंसिल के सदस्य थे, ने के. एम. मुंशी को गाँधी जी एवं वल्लभभाई के पास भेजा। समझौते की रूपरेखा बनाई गई। लगा कि कुछ बात बन जाएगी।

उसी दौरान गाँधी जी बारडोली आए। किसानों ने उनसे मुलाकात की। उनका परिचय एक मित्र ने देते हुए एक किसान को बताया, ''ये वल्लभभाई से यह कहने आए हैं कि हमने अपना सिर आपको दिया है, नाक नहीं दी है।

अर्थात् हमें अपनी इज्जत का समझौता नहीं करना है। बारडोली के किसानों का उत्साह देखते ही बनता था। सरकार ने किसानों पर गोलियाँ चलाई थीं। इन पर एक किसान ने तंज कसा, ''गोली से सरकार कितनों को मारेगी? प्लेग से जितने लोग मर रहे थे उनसे ज्यादा गोली से नहीं मरेंगे। केवल मेरे गाँव में प्लेग से चार सौ आदमी मर गए थे।''

गवर्नर और बारडोली

माननीय गवर्नर साहब का श्री मुंशी (कन्हैयालाल मानिकलाल मुंशी) से जो पत्र व्यवहार हुआ है उससे वर्तमान राज्यतंत्र का यथार्थ चित्र प्राप्त होता है। एक तरफ सरकार, श्री मुंशी लोकमत की तरफ न ढल जाएँ, इस हेतु से उन्हें प्रसन्न करने के लिए लम्बे-लम्बे तर्कों से भरे पत्र लिखती है और दूसरी ओर ऐसे असत्य को जो कागजों में सिद्ध हो सके, चित्रित करती

है और लोगों को झूठा सिद्ध करने का प्रयत्न करती है। वह अभी तक उन बातों का खण्डन करती है, जिन्हें जनता ने अनेक बार स्पष्ट रूप से प्रमाणित कर दिया है। मानो असत्य बार-बार कहने से सत्य बन जाता हो।

इस समूचे पत्र में एक बात ही निथर कर स्पष्ट होती है। सरकार अपनी लगान सम्बन्धी नीति बदलने के लिए तैयार नहीं है। यदि उसकी लगान सम्बन्धी नीति बदल जाए, तो संसार की यह सबसे अधिक खर्चीली राज्य व्यवस्था ठप हो जाए अथवा उसका खर्च लोगों के सामर्थ्य के अनुसार सीमित हो जाए।

गवर्नर साहब का कहना है राज्य और प्रजा के बीच स्वतंत्र जाँच की ही नहीं जा सकती। ये महानुभाव ऐसा कहकर लोगों की आँखों में धूल झोंकते हैं। स्वतंत्र जाँच भी सरकारी जाँच ही होगी। न्याय-विभाग शासन-विभाग से स्वतंत्र होने पर भी एक सरकारी विभाग ही है। समिति की नियुक्ति लोग करें, यह माँग किसी ने नहीं की है। किन्तु लोगों की माँग यह है कि बारडोली के लगान के मामले की छानबीन के लिए तटस्थ लोगों की नियुक्ति की जाए और जैसी जाँच अदालत में की जाती है वैसी की जाए। इसमें सरकार राज्य की बागडोर छोड़ दे, यह बात नहीं आती, किन्तु वह अपनी निरंकुश नादिरशाही छोड़ दे यह बात अवश्य आती है। यदि लोगों को स्वराज्य मिलना है और उनको वह प्राप्त करना है, तो इस नादिरशाही का सर्वथा नाश होना ही है।

इस दृष्टि से बारडोली की लड़ाई ने अब व्यापक रूप ले लिया है। अथवा यह कहना चाहिए, हमारे सौभाग्य से सरकार ने उसको व्यापक रूप दे दिया है।

सत्याग्रह का शस्त्र गैर-कानूनी है, श्री मुंशी की यह युक्ति अथवा मान्यता दुःखद है। अब तो शस्त्र प्रतिष्ठित हो चुका है। जब इसका प्रयोग दक्षिण अफ्रीका में किया गया था तब लार्ड हॉर्डिंग ने इसका समर्थन किया था। चम्पारन में बिहार सरकार ने उसको स्वीकार करके जाँच समिति नियुक्त की थी। श्री वल्लभभाई पटेल ने बोरसद में इसी शस्त्र का प्रयोग किया था और हाल ही में गवर्नर साहब ने उसको मान्यता देकर लोगों के साथ न्याय किया था। अब इस शस्त्र को क्यों गैर-कानूनी माना जाए, यह बात समझ में नहीं

आ सकती।

किन्तु प्रस्तुत प्रश्न यह नहीं है कि सत्याग्रह गैर-कानूनी है या कानूनी। यदि लोगों की माँग उचित हो तो, उनकी माँग करने की रीति चाहे कुछ भी हो, उससे उस माँग का औचित्य कम नहीं हो सकता।

इस प्रश्न का निर्णय करना केवल बारडोली के सत्याग्रहियों के हाथ में है। यदि उनका त्याग और साहस सच्चा होगा, तो इसका निर्णय एक ही रूप में होगा। यदि लोग लगान नहीं देंगे तो सरकार को या तो वह माफ कर देना पड़ेगा या जाँच समिति नियुक्त करनी पड़ेगी। लोगों का मान उनके अपने हाथ में ही है। यह बात इस पत्र-व्यवहार से स्पष्ट झलकती जाती है।

इस 12 तारीख को देश में स्थान-स्थान पर बारडोली के लोगों की प्रशंसा की गई है। बारडोली से बाहर के लोग फिलहाल एक ही काम कर सकते हैं, वह है रुपये की सहायता और सहानुभूति-प्रदर्शन। रुपये की सहायता सभी जगह से खुलकर मिल रही है। अब तक यहाँ एक लाख रुपये प्राप्त हो चुके हैं। सारे हिन्दुस्तान में बारडोली की माँग का एकमत से स्वागत किया गया है। किन्तु निरंकुश सरकार तो 'पशु-बल' से ही डरती है। लोगों ने पशु-बल का त्याग सोच-समझकर किया है। बारडोली सत्याग्रह-रूपी आत्मबल का प्रयोग कर रहा है। इसके मुकाबले में सरकार का बल तुच्छ है। क्या बारडोली अपनी प्रतिज्ञा का पालन करेगा?

सरकारी पत्र में और प्रचार-विभाग की विज्ञप्तियों में जो गन्ध आती है, हमें उसको परख लेने की ज़रूरत है। माननीय गवर्नर ने अपने पत्र में बारडोली से पठानों को हटाने का कारण लोकमत का सम्मान बताया है। किन्तु सरकारी प्रचार-विभाग कहता है कि अब बरसात का मौसम शुरू होने से पठानों की ज़रूरत कदाचित ही रहेगी। दो तरह के कारण बताने के पीछे बात क्या है?—यह गवर्नर साहब ही जानें। किन्तु हम तो प्रचार-विभाग के कारण का भेद ही समझ लें। बरसात के मौसम में जब्तियाँ आदि करने के बजाय अर्थात् खुली दमन-नीति का प्रयोग करने के बजाय सरकार साम-नीति का प्रयोग करेगी, ऐसी सम्भावना और शंका है। सम्भव है कि वह

लोगों को बुलाकर गुप्त रूप से गुप्तचर भेजकर प्रलोभन देकर और धमकियाँ देकर उन्हें फोड़ने का उपाय करे। मैं आशा करता हूँ कि लोग इस छल-प्रपंच से चेत जाएँगे।

[गुजराती से] 17.6.1928

बारडोली का घपला

सरकार बारडोली के बारे में जितना ही अपना बचाव करती है, वह अपना अपराध उतना ही बढ़ाती जाती है। श्रीयुत मुंशी को लिखे गए गवर्नर के लम्बे पत्र तो इस गुत्थी को और भी उलझा देते हैं और मुंशी जैसे संविधानज्ञ की दृष्टि में भी उनकी स्थिति सुधरती नहीं है।

गवर्नर के पत्र तो मामले को साफ टाल जाते हैं। गवर्नर साहब कहते हैं, एक और जाँच की जा चुकी है और अपने पत्र-लेखक को आश्वासन देते हैं कि सरकार की कार्यकारी परिषद का एक भी सदस्य ऐसा नहीं जो सरकारी कार्रवाई के औचित्य के बारे में, बल्कि जिसे दरअसल उसकी उदारता कहना चाहिए, पूरी तरह सन्तुष्ट न हो।

यह तो सरकार अपनी पुरानी दलील दुहरा रही है जिससे कोई परिणाम नहीं निकलता। अगर सरकार, पत्र-व्यवहार में जिनका ज़िक्र किया गया है, वैसी पचासों जाँच कर ले, तो भी उससे स्थिति सुधरेगी नहीं, बल्कि उलटे इन जाँचों से यही बात सिद्ध होगी कि सरकार इस बात पर तुली हुई है कि जब-जब बारडोली वाले रोटी माँगें, सरकार उन्हें पत्थर मारे। वे कोई ऐसी गुप्त जाँच नहीं चाहते, जिसमें उनके अपने आदमी न हों और उनका स्थान वहाँ ऐसा न हो कि वे उसमें उपयोगी और प्रभावकारी कार्य कर सकें। वे तो खुली और स्वतंत्र जाँच चाहते हैं। उनका दावा है कि सरकार जिसे न्याय बल्कि उदारता कहती है, वह उन लोगों की समझ में अन्याय और जुल्म है। उनका दावा है और इस पत्र में भी यह प्रमाणित करने का प्रयत्न किया गया है कि श्री जयकर और एण्डरसन की रिपोर्टों की कोई कीमत नहीं है। वे गलत-बयानियों और हिसाब जोड़ने की भूलों से भरी पड़ी हैं। वे कहते हैं कि

हम किसी भी खुली निष्पक्ष और स्वतंत्र जाँच समिति के आगे अपने इलजाम साबित कर देंगे।

सरकार गर्व से और बार-बार वही बात कहकर परेशान कर रही है कि उसने न तो जयकर की 30 फीसदी की और न श्री एण्डरसन की 28 फीसदी की (सचमुच बहुत बड़ी उदारता है!) बढ़ोतरी करने की ही सलाह मानी है, बल्कि उसने तो उसे घटा कर 20 फीसदी रखा है। अब गवर्नर साहब यह भी फरमाते हैं कि इतनी कमी न सिर्फ न्याय-संगत ही है, बल्कि उदारतापूर्ण भी है!

मगर जनता तो उदारता की भीख नहीं माँगती। वह तो सीधा-साफ इन्साफ माँगती है और दावा करती है कि 20 फीसदी की बढ़ती भी, वहाँ की हकीकत को देखते हुए, वहाँ के किसानों की स्थिति को देखते हुए नहीं होनी चाहिए। दूसरी ओर गवर्नर साहब फिर भी यही कहते जा रहे हैं कि अगर कोई जाँच समिति बैठाई जाती तो लगान में इससे अधिक बढ़ती होती। अगर सरकार सच्चे दिल से यही विश्वास करती है, तो फिर वह प्रजा की जाँच समिति बैठाने की अत्यन्त वाज़िब प्रार्थना को क्यों नहीं मान लेती? प्रजा उसका फैसला मानने को तो तैयार ही है।

जब लोग सरकारी अधिकारियों की रिपोर्टों को ही गलत बताते हैं, तब तो यह घोर अन्याय और अपमान है कि सरकार उनके सामने उन दूसरे अधिकारियों की रिपोर्टें ला फेंकती है, जो अपने निर्णयों का आधार उन दस्तावेजों को बनाते हैं, जिनमें अक्सर गलतियाँ छिपाई गई होती हैं और इससे भी ज्यादा बार जो केवल सतही होती हैं। गवर्नर साहब अगर सचमुच जैसा कि वे कहते हैं न्याय करना चाहते हैं, तो वे बारडोली के जिन लोगों के लिए अपने पत्र में सहानुभूति और चिन्ता का इज़हार करते हैं, उन लोगों के कष्टों से पावनीकृत उनकी इस सम्मानजनक माँग को स्वीकार कर लें।

मगर गवर्नर साहब यह घोषित करते हैं कि उनकी सहानुभूति की धारा 'बाहरी लोगों' के बीच में आ पड़ने से, जिन्हें गालियाँ दे-देकर गुजरात के कमिश्नर ने प्रसिद्ध कर दिया है, पूरी-पूरी नहीं बहने पाती! अगर वे इन किसानों के रास्ते में, जिनके बारे में गवर्नर साहब कहते हैं कि वे ''बखूबी

जानते हैं कि अगर उन्हें लगान भरने दिया जाए, तो दूसरे किसानों के समान वे भी अपना लगान भर देंगे।'' वे ही खड़े हुए हैं तो सरकार इन बाहर से अनधिकार प्रवेश करने वालों को एक ही बार वहाँ से हटा क्यों नहीं देती? अब तक तो सरकार के रास्ते में जिसने भी सिर उठाया, उसे हटा देने का उपाय सरकार को मिल जाता था! तब फिर वह (गुजरात के कमिश्नर की सुन्दर भाषा में) ''खेड़ा के इन आन्दोलनकारियों के गिरोह को जो गरीब बारडोली वालों पर ही जीते हैं'' अछूता क्यों छोड़ती है और निर्दोष किसानों को एक साथ ही इन आन्दोलनकारियों और पठानों का या उनके बदले बुलाई गई पुलिस का शिकार क्यों होने देती है?

गवर्नर अपनी 'संवैधानिक' स्थिति का औचित्य बताने के लिए और श्रीयुत वल्लभभाई और उनके वफादार साथियों को बदनाम करने की जल्दी में अपना यह बयान भी भूल गए कि एक पत्र में उन्होंने कहा था कि 40 पठान हैं और दूसरे में वे कहते हैं केवल 25 ही हैं।

गवर्नर बारडोली में कर-वृद्धि का औचित्य यह कहकर सिद्ध करना चाहते हैं कि ऐसी ही बढ़ती का विरोध चौरासी ताल्लुका वालों ने नहीं किया है। मैं चौरासी के बारे में कुछ भी नहीं जानता। मगर मैं यह जानता हूँ कि हिन्दुस्तान के लोगों ने इससे पहले बहुत-से अन्याय सहे हैं और इसलिए हिन्दुओं ने अपने लिए 'नम्र हिन्दू' का निन्दापूर्ण ख़िताब पाया है। सम्भव है कि चौरासी वाले इतने निर्बल हों कि सरकार द्वारा लगाए गए स्थान का विरोध नहीं कर सकते, जबकि पिछले छह साल स्वस्थ प्रभाव में रहकर बारडोली वालों ने इतनी ताकत और इच्छाशक्ति पैदा कर ली है कि वे ऐसी सरकार का विरोध करने के कष्टों को सह सकें, जो कि अपने अविवेक और आतंकप्रियता के लिए बदनाम हो गई है।

शेर का नंगा पंजा अब देखिए। गवर्नर साहब फरमाते हैं :

''सरकार शासन करने के अपने निर्विवाद हक को छोड़कर, जैसा कि आप सलाह देते हैं, उसे किसी स्वतंत्र समिति को क्यों दे दे? मैं तो हर सम्भव उपाय से इस स्थिति को सुधारने के लिए उत्सुक हूँ, मगर जो सरकार

ऐसी बात होने दे, वह सरकार ही किस काम की?"

यह 'शासन करने का निर्विवाद हक' है। हिन्दुस्तान का खून बेरोक-टोक निचोड़कर उसे भूखों मार डालने का हक। अगर सरकारी अधिकारियों और प्रजा के बीच झगड़े का फैसला करने के लिए कोई स्वतंत्र समिति नियुक्त की जाए, तो उसकी इस स्वच्छन्दता पर अंकुश लगेगा। यहाँ खयाल रहे कि स्वतंत्र समिति के माने सरकार से बिल्कुल स्वतंत्र कोई गैर-सरकारी समिति नहीं है। अर्थात् सरकार ऐसे लोगों की एक समिति बनाए जिसके बारे में यह विदित हो कि उन पर सरकारी अधिकारियों का दबाव नहीं पड़ेगा और खुलेआम जाँच करने तथा पीड़ित लोगों की उचित और कारगर ढंग से सुनाई करने का अधिकार हो। मगर ऐसी खुली जाँच का अर्थ है, सरकार की छिपी और स्वच्छन्द लगान-नीति का 'रामनाम सत्य बोल जाना'। लोगों की इस सरल माँग में 'सरकार के कामों को हथियाने की बात कहाँ है?' मगर सरकार के अधिकारियों की स्वच्छन्दता पर जरा भी लगाम लगाने से सरकार का पारा बहुत ऊँचा चढ़ जाता है। और जब ब्रिटिश सत्ता भारत में क्रुद्ध हो उठी, तब 'नम्र हिन्दुओं' का रक्षक तो राम ही है। मगर हाँ, ईश्वर असहायों की सहायता अवश्य करता है, परन्तु जब मनुष्य पूरी तरह असहाय हो जाए। परमात्मा ने भारत के लोगों को सत्याग्रह के रूप में आप ही कष्ट सहने का गाण्डीव दिया है। उसके प्रभाव से लोग युग-युग का आलस्य छोड़कर उठ रहे हैं। बारडोली के किसान हिन्दुस्तानियों को दिखा रहे हैं कि वे निर्बल भले ही हों, मगर उनमें अपने विश्वासों के लिए कष्ट सहने की हिम्मत है।

अब इतने दिनों बाद तो सत्याग्रह को अवैध कहने का अवसर नहीं रह जाता। यह तो तभी अवैध होगा, जब सत्य और उससे सम्बद्ध आत्मत्याग अवैध माने जाएँगे। लार्ड हार्डिंग ने दक्षिण अफ्रीका के सत्याग्रह को आशीर्वाद दिया था और उसके आगे वहाँ की सम्पूर्ण सत्ता-सम्पन्न संघ सरकार को भी झुकना ही पड़ा था। उस समय के वायसराय लार्ड चैम्सफोर्ड तथा बिहार के गवर्नर सर एडवर्ड गेट ने इसकी वैधता और इसकी कार्यसाधकता को स्वीकार किया था और चम्पारन की रैयत की शिकायतों की जाँच के लिए एक

स्वतंत्र समिति बैठाई गई थी, जिसके फलस्वरूप सरकार की प्रतिष्ठा बढ़ी और सौ वर्ष पुराना अन्याय दूर हुआ।

फिर यह खेड़ा में भी स्वीकार किया गया और चाहे बेदिली से ही सही और चाहे यह अधूरा ही था, मगर खेड़ा के सरकारी अधिकारियों और आन्दोलन चलाने वालों तथा प्रजा के नेताओं के बीच समझौता हुआ था। मध्य प्रान्त के तत्कालीन गवर्नर ने नागपुर झंडा सत्याग्रहियों से समझौता करना ही ठीक समझा था। कैदियों को छोड़ दिया गया था और सत्याग्रहियों के हक को स्वीकार किया गया था।

अन्त में और तो और बम्बई के गवर्नर लेस्ली विल्सन ने भी, जब वह शुरू-शुरू में 'संसार के सबसे अधिक योग्य शासनाधिकारियों के संसर्ग' से अछूते थे, स्वयं बोरसद में सत्याग्रह के बल को स्वीकार किया था और बोरसद वालों को राहत दी थी।

मैं चाहता हूँ कि गवर्नर साहब और श्री मुंशी, दोनों ही पिछले चौदह वर्षों की इन घटनाओं को गाँठ बाँध लें। बारडोली का सत्याग्रह अब अचानक अवैध घोषित नहीं किया जा सकता। हकीकत तो यह है कि सरकार के पास कोई दलील नहीं है। वह नहीं चाहती कि खुली जाँच में उसकी लगान-नीति को चुनौती दी जाए। अगर बारडोली वाले आखिरी आँच सह गए तो या तो खुली जाँच होगी या इजाफ़ा लगान मंसूख होगा। यह उनका निर्विवाद हक है कि वे अपनी शिकायत के लिए निष्पक्ष अदालत के सामने सुनवाई का दावा करें।
[अंग्रेज़ी से] यंग इंडिया 21.6.1928

❒

12. पार्लियामेंट्री बोर्ड के अध्यक्ष बने

बारडोली का सत्याग्रह इतिहास में युग परिवर्तनकारी माना जाता है। इसमें न केवल वल्लभभाई पटेल के दृढ़ मनोबल, अदम्य साहस, एकाग्रता, कष्ट सहनशीलता, एकनिष्ठता, अपराजेयता आदि गुण ही प्रकट हुए, अपितु उनकी संग्राम-संचालन-कुशलता भी सारे संसार पर प्रकट हो गई।

आखिर सरकार भी कब तक तनी रहती! सरकार को लगा कि बारडोली में ऐसे ही चलता रहा तो नुकसान ही नुकसान है और आन्दोलन समाप्त न हुआ तो उसकी किरकिरी ही होगी। अतः सरकार ने आन्दोलनकारियों को वार्तालाप के लिए बुलाया।

एक दिन दादू भाई, अर्थमंत्री चुन्नी लाल की ओर से वल्लभभाई को लिखित संदेश मिला कि सरकार ने उन्हें चाय पर आमंत्रित किया है। वह अपने साथ कुछ आन्दोलनकारियों लेकर तय समय पर पहुँच गए। चाय पार्टी हुई। इसके साथ ही मनोविनोद भी चलता रहा। इसके बंद समझौते पर बात चली। शुरू में वल्लभभाई को लगा सरकार लफ्फाजी कर रही हैं। फलतः उन्होंने सरकार की बातें मानीं। परन्तु धीरे-धीरे सरकार के प्रतिनिधियों ने उनसे कहा कि सरकार उनकी माँगें पूरी करने को तैयार है। उनकी प्रमुख माँगें थीं–किसानों को उनकी जब्त की गई सम्पत्ति जैसे, खेत, खलिहान, घर, गाय, बैल आदि को लौटाया जाए, आन्दोलन में भाग लेने वाले जेल में बंद आन्दोलनकारियों की तुरंत रिहाई हो, आन्दोलन में भाग लेने वाले सरकारी

कर्मचारी–पटवारी, अमीन आदि को यथावत् नौकरी पर लिया जाए। इन मुद्दों को लेकर दोनों पक्षों में समझौता हो गया। दोनों पक्षों की तरफ से मामले को लेकर उसके लिए जाँच समिति बनाई गई।

पहले सरकार ने बारडोली एवं चौरासी तालुकों पर 1,87,492 रुपये बतौर लगान के रूप में वृद्धि की थी उसे 46,648 रुपये कर दिया गया।

समझौता होने पर चारों तरफ वल्लभभाई की वाहवाही होने लगी। देश के कोने-कोने से उनके पास बधाई संदेश आ रहे थे। पूरे देश में इस आन्दोलन की सफलता पर विशेषकर गुजरात में विजयोत्सव का आयोजन किया गया। अनेक सामाजिक, राजनैतिक संगठनों, समितियों एवं आम लोगों द्वारा उनको सम्मानित किया गया, उन्हें मानपत्र भेंट किए गए।

गाँधी जी ने वल्लभभाई को 'बारडोली का सरदार' कहकर उनका अभिनन्दन किया। सारा देश अब उन्हें 'सरदार वल्लभभाई' के रूप में जानने लगा। परंतु वह पूर्ववत् विनम्र बने रहे। उनका कहना था–''बापू के संदेश को टूटे-फूटे रूप में भी देश की जनता के पास पहुँचाने वाले कितने कम लोग हैं। वैसे हम क्या हैं? हमने किया ही क्या है? बापू ने बिना कारण ही हमें इतना चढ़ा दिया है।''

इसी साल सरदार पटेल को सूरत में हुए प्रथम 'स्थानीय स्वराज्य सम्मेलन' का अध्यक्ष बनाया गया। 1929 में सरदार पटेल पूना में आयोजित 'महाराष्ट्र राजनैतिक सम्मेलन' के अध्यक्ष बनाए गए। सारे महाराष्ट्र प्रान्त का तूफानी दौरा करके इन्होंने बढ़ाए गए लगान का विरोध किया। साथ ही स्थान-स्थान पर इन्होंने छुआछूत (अस्पृश्यता) के विरुद्ध भाषण दिए।

उसी साल इन्होंने मोरवी में 'काठियावाड़ राजनैतिक सम्मेलन' की अध्यक्षता की।

इसके बाद चक्रवर्ती राजगोपालाचार्य के आग्रह पर इन्होंने मद्रास प्रेज़िडेन्सी का दौरा किया। ये तमिलनाडु राजनैतिक सम्मेलन के अध्यक्ष बनाए गए। यह सम्मेलन वेदारण्यम् में आयोजित हुआ था। उस सम्मेलन में कांग्रेस के उस प्रस्ताव का अनुमोदन किया गया था जिसमें उसने (कांग्रेस ने) औपनिवेशिक

स्वराज्य की माँग की थी। इन्हीं दिनों पटेल ने कर्नाटक तथा बिहार का भी दौरा किया।

कलकत्ता कांग्रेस में सरदार पटेल ने मोतीलाल नेहरू की अध्यक्षता में सर्वदलीय समिति के उस प्रस्ताव का समर्थन किया, जिसमें भारत का राजनैतिक उद्देश्य औपनिवेशिक स्वराज्य बताया गया था, बशर्ते ब्रिटिश सरकार इस माँग को दो वर्ष के अन्दर पूरी कर दे। श्री मोतीलाल नेहरू कलकत्ता कांग्रेस के अध्यक्ष थे। उन्होंने अध्यक्ष पद से एक प्रस्ताव उपस्थित किया जिसमें सरदार पटेल को तथा बारडोली के किसानों को ब्रिटिश सरकार की अफसरशाही के ऊपर विजय प्राप्त करने पर बधाई दी।

1917, नवम्बर में सरकार ने साइमन कमीशन का गठन किया था। इसका अध्यक्ष सरजॉन साइमन को बनाया गया था। इसमें सात सदस्यों को रखा गया था। ये सातों ही अंग्रेज थे। इस कमीशन में किसी भी भारतीय प्रतिनिधि को शामिल नहीं किया गया था। यह बात भारतीय जनमानस को प्रायः खटकती थी। सरकार ने कमीशन को ये काम सौंपे थे–

''यह ब्रिटिश भारत के शासन कार्य की, शिक्षा वृद्धि की प्रतिनिध्यात्मक संस्थाओं के तथ्यों की जाँच करें तथा इस बात की रिपोर्ट प्रस्तुत करें कि उत्तरदायी शासन का सिद्धांत लागू करना उचित है या नहीं? यदि है तो किस स्तर तक? अभी तक उत्तरदायी शासन जिस मात्रा में स्थापित किया गया था, उसमें वृद्धि अथवा कमी की जाए अथवा अन्य किसी प्रकार का परिवर्तन किया जाए? इन प्रश्नों के साथ ही इस बात पर भी रिपोर्ट प्रस्तुत की जाए कि प्रांतों में दो-दो कौंसिलों की स्थापना करना वांछनीय है अथवा नहीं।''

भारतीय नेताओं ने इस कमीशन की नियुक्ति की भर्त्सना की। वैसे भी यह भारतीयों के लिए अपमानकारी था क्योंकि इसमें कोई भारतीय प्रतिनिधि नहीं था। 1927 में इस मुद्दे पर विचार-विमर्श करने के लिए मद्रास (अब चेन्नई) में कांग्रेस का अधिवेशन हुआ। इसमें सर्वसम्मति से एक प्रस्ताव पारित किया, ''हर हालत में साइमन कमीशन का विरोध होना चाहिए।''

3 फरवरी, 1920 को साइमन कमीशन बम्बई (अब मुंबई) पहुँचा तो पूर्व विचारित कार्यक्रम के अनुसार इसका विरोध हुआ। बम्बई में जुटे भारतीयों ने उनके खिलाफ नारे लगाये 'साइमन कमीशन वापस जाओ', 'साइमन कमीशन गो बैक', 'भारत भारतवासियों के लिए है।' काले झंडे दिखाए। इसके साथ-साथ उस दिन पूरे भारत में इस आयोग के खिलाफ प्रदर्शन हुआ, धरना दिया गया। कमीशन विरोधी नारे लगाए गए। काले झंडों के साथ प्रदर्शन किया गया। लाहौर में विशेष रूप से इसका विरोध किया गया। वहाँ लाला लाजपत राय के नेतृत्व में विरोध प्रदर्शित किया गया। सरकार ने वहाँ प्रदर्शनकारियों ने पर लाठियाँ चलाने का आदेश दे दिया। इसी घटना क्रम में लाला लाजपत राय बुरी तरह से घायल हुए और कुछ दिन बाद वह शहीद हो गए। देश में इस घटना को लेकर उबाल आ गया। और फिर सरदार भगतसिंह, चंद्रशेखर आजाद, राजगुरु, सुखदेव आदि ने योजना के तहत सांडर्स को जिसने लाठी चलाने का आदेश दिया था, गोली से उड़ा दिया।

सरकार ने दमन की नीति अपनाई। प्रदर्शनकारियों को मारा पीटा गया। दुव्यर्वहार किया गया।

फिर भी कमीशन ने अपनी रिपोर्ट प्रस्तुत की। रिपोर्ट के मद्दे नजर भारतीयों को केंद्र में उत्तरदायित्व पूर्ण शासन स्थापित करने की माँग को नकार दिया गया। प्रांत में उत्तरदायित्व पूर्ण मंत्रिमंडल की शक्तियों को कम कर दिया गया। इसके साथ ही गवर्नर को अधिकाधिक शक्तियाँ दे दी गईं। अतः भारतीय नेताओं ने इसका खुल कर विरोध किया। इस समस्या से निबटने के लिए पं. मोतीलाल नेहरू की अगुवाई में समिति बनाई गई। समिति ने अपनी योजना प्रस्तुत करते हुए भारतीयों के लिए औपनिवेशिक स्वराज्य की माँग प्रस्तुत की। इस रिपोर्ट का कुछ कांग्रेसी युवा नेताओं ने विरोध किया। फिर भी सन् 1928 में आयोजित कलकत्ता (वर्तमान कोलकाता) अधिवेशन में इस माँग को पारित कर दिया गया।

1929 में अधिकांश प्रांतों के पदाधिकारी कांग्रेस का नेतृत्व वल्लभभाई

को सौंपना चाहते थे। परन्तु गाँधी जी वल्लभभाई से युवा पं. जवाहर लाल को यह पर सौंपना चाहते थे। वल्लभभाई ने गाँधी जी की प्रतिष्ठा का ध्यान रखते हुए कांग्रेस के अध्यक्ष पद की दौड़ से बाहर हो गए। अंततः पं. जवाहरलाल नेहरू कांग्रेस के अध्यक्ष बन गए।

31 दिसम्बर, 1929 को रात के ग्यारह बजे रावी नदी के तट पर पं. जवाहरलाल नेहरू ने कांग्रेस अध्यक्ष के पद की हैसियत से पूर्ण स्वराज्य प्राप्ति का लक्ष्य रखा और स्वतंत्रता का झंडा फहराया। साथ ही यह भी घोषणा हुई कि भारतीय नेता मेज परिषद में भाग नहीं लेंगे। 26 जनवरी 1930 को पूर्व विचारित पूर्ण स्वाधीनता समारोह दिवस पूरे देश में हर्षोल्लास पूर्वक मनाया गया। शहरों, कसबों, गाँवों में जगह-जगह सार्वजनिक सभाओं का आयोजन किया गया। पूर्ण स्वराज्य प्राप्ति की प्रतिज्ञा की घोषणा हुई।

1930 फरवरी में सविनय अवज्ञा आन्दोलन प्रारम्भ करने के लिए सर्व-सम्मति से गाँधी जी को अधिकृत किया गया। वायसराय ने वार्तालाप के लिए कहा तो उन्होंने ग्यारह माँगें उनके समक्ष प्रस्तुत कर दीं। इनमें मुख्य थीं—मद्य निषेध लगान में पचास प्रतिशत की कमी, नमक कर की समाप्ति, विनिमय की दर कम कर 1 शिलिंग चार पैंस करना आदि।

सरकार ने इन माँगों पर ध्यान नहीं दिया। अतः यह विचार किया गया कि सूरत जिले के डांडी नामक गाँव के समुद्र तट पर जाकर नमक सत्याग्रह आन्दोलन शुरू किया जाए। 12 मार्च, 1930 को गाँधी जी अनेक साथियों के साथ सावरमती आश्रम से डांडी के लिए रवाना हुए। 24 दिन की यात्रा के बाद 6 अप्रैल को डांडी पहुँचे और नमक बनाकर कानून को तोड़ा।

याद रहे कि वल्लभभाई महात्मा गाँधी से पहले ही पूर्ण स्वराज्य की माँग के सिलसिले में प्रस्थान कर गए थे।

वल्लभभाई महात्मा गाँधी के विचारों का प्रचार-प्रसार करते हुए भ्रमण पर निकले। उन्होंने अपने भाषण में कहा, "अब एक ऐसा धर्मयुद्ध प्रारम्भ होता है, जैसा जगत् ने ऐसा पहले नहीं देखा होगा। यह एक ऐसा धर्मयुद्ध है जिसमें एक ओर समग्र सात्विक शक्तियों का, धार्मिक शास्त्रों का उपयोग

होगा, दूसरी ओर आसुरी शक्तियों का, आसुरी शस्त्रों का उपयोग होगा। रावण के जमाने से जगत् में कभी न देखी गई हो ऐसी राक्षसी सामग्री वाली राज्य सत्ता आसुरी शक्ति का उपयोग करने की धमकी दे रही है। इन दो सत्ताओं के बीच संग्राम होने वाला है। इस संग्राम में आपका क्या भाग रहेगा और आप किसका पक्ष लेंगे। इसका निर्णय आपको करना है।

"महात्मा जी दुनिया के श्रेष्ठ पुरुष माने जाते हैं। उनकी कोटि का कोई दूसरा पुरुष इस संसार में नहीं है। उन्होंने आपको कुछ सिखाया है···दुनिया आपसे पूछेगी कि आपने क्या किया है?···किसानों से और आपसे पूछता हूँ कि ईश्वर में आपकी श्रद्धा है? खुदा में आपका विश्वास है? जो पैदा हुए है वे मरते भी हैं–यह क्या आप जानते हैं? मृत्यु से कोई बचने वाला नहीं है। नामर्द की मौत मरने की बजाय आप बहादुर और इज्जतदार की मौत करना सीखिए। तोपों के धड़ाके हों, हवाई जहाजों से बमों का विस्फोट हो और तड़ातड़ आदमी मरें, तब कहीं इतिहास के पृष्ठों पर नाम चढ़ता है। ऐसा दिन हमारे यहाँ कब आएगा? जब आए तब कोई भी गुजराती सरकार का साथ न दे। साबरमती के संत की बात हम थोड़ी-सी समझे हों तो यह सब करना आसान है। ऐसा समझिए कि यह धर्मयुद्ध वैकुंठ का विमान और निमंत्रण लेकर आया है। जिन्हें मृत्यु का भय हो उनका जीना व्यर्थ है। उनके लिए यह प्रसंग नहीं है। सारे गुजरातियों को मैं यहाँ से सुनाना चाहता हूँ कि जिन्हें मृत्यु का भय लगता हो वे तीर्थ यात्रा करने निकल जाएँ। वे अपनी जायदाद की व्यवस्था करके चले जाएँ। जिनके पास पैसे हो वे विदेश चले जाएँ। यदि आप सच्चे गुजराती हैं तो ऐसा कोई काम न करें, जो लज्जित करने वाला हो। सिर नीचा करके कभी न घूमें। दरवाजे बंद करके घर में घुसे न रहें। थोड़े ही दिन बाकी हैं। पंद्रह वर्ष से हमें जो तालीम और शिक्षा मिली है, उसकी अब परीक्षा होने वाली है।

"गुजरात की जनता इतिहास में स्वतंत्रता का प्रथम पृष्ठ लिख रही है। ईश्वर उसे शक्ति प्रदान करे। ईश्वर आप सबका कल्याण करे।"

वल्लभभाई का बोरसद गाँव के निकट रास नामक में अभिनन्दन समारोह

आयोजित किया गया। वहाँ एक सभा को भी संबोधित करना था। श्रोता उनके संबोधन को सुनने के लिए लालायित थे। लेकिन सरकार की इच्छा इसके विपरीत थी। उसने फरमान जारी कर दिया कि अमुक-अमुक स्थानों पर वल्लभभाई का भाषण नहीं होगा। सरकार के इस कदम पर वल्लभभाई ने यह टिप्पणी की, ''सत्य के प्रकाश को अँधेरे का अंधकार कब तक रोक कर रख सकता है? सूर्य कभी बादलों से नहीं डरता। भारत का प्रत्येक बच्चा अंदर से सूर्य है। सरकार कितने सूर्य को जेल की अँधेरी कोठरी में बंद कर रख सकती है? सभा होगी और अच्छी तरह होगी।

परन्तु वल्लभभाई तनिक भी नहीं घबराए। उन्होंने कहा, ''मैंने कोई गलती नहीं की है। मैं अपराधी नहीं हूँ। राष्ट्रीय स्वाधीनता की माँग करना अपराध नहीं है। 'स्वाधीन बनो', 'स्वाधीनता की रक्षा करो' यह प्रभु की आज्ञा है। प्रभु की आज्ञा का पालन करने के लिए मनुष्य विनम्रतापूर्वक अवज्ञा करना अपराध और कुकर्म नहीं, यह तो जीवन का सबसे बड़ा यज्ञ है। मुझे जेल में रहना पसन्द है लेकिन जुर्माना चुकाना पसन्द नहीं।''

वल्लभभाई ने जुर्माना नहीं चुकाना था सो नहीं चुकाया, उसकी अपेक्षा 21 दिनों की सजा भुगतने को तैयार थे। इस दौरान उन्होंने धार्मिक ग्रंथों का स्वाध्याय कर अपने आत्मविश्वास को और दृढ़ किया।

यह गाँव बोरसद के पास है। इससे कुछ समय पूर्व गाँधी जी सूरत जिले में दांडी यात्रा करके नमक-कर तोड़ने की घोषणा कर चुके थे। सरदार पटेल को तीन मास की कैद और पाँच सौ रुपये जुर्माने का दंड सुनाया गया। जुर्माना न देने पर और तीन महीने की कैद का आदेश दिया गया। गाँधी जी ने वल्लभभाई की गिरफ्तारी पर दो टूक यह टिप्पणी की, ''सरकार ने वल्लभभाई को पकड़ने की जल्दी करके मामला बिगाड़ लिया।'' सरदार ने जुर्माना देने से इनकार कर दिया। उन्हें साबरमती जेल, अहमदाबाद में रखा गया। सरकार ने इन्हें जेल में 'ए' क्लास में रखा, परन्तु इन्होंने 'सी' क्लास में रखने तथा 'सी' क्लास का भोजन देने का आग्रह किया और भूख-हड़ताल कर दी। सरकार ने यह माँग मान ली। 26 जून को इन्हें रिहा कर दिया गया।

जेल में रहने से वल्लभभाई की सेहत पर बुरा प्रभाव पड़ा था। शुभचिंतकों ने उन्हें कुछ दिन विश्राम करने की हिदायत दी। पर उन्हें कहाँ आराम लेने की फुर्सत थी! उन्हें हमेशा देश की आजादी को लेकर चिन्ता रहती थी। वह तो सविनय अवज्ञा आन्दोलन में शामिल हो गए। कांग्रेस अध्यक्ष पं. जवाहरलाल नेहरू को बंदी बना लिया गया। ऐसे में अध्यक्ष पद को कौन सँभाले? यह प्रश्न खड़ा हो गया। अब सबकी निगाहें वल्लभभाई पर जा टिकीं। अस्वस्थ होते हुए भी उन्होंने लोगों के कहने पर अध्यक्ष का पदभार ग्रहण कर लिया और देश के नेतृत्व की बागडोर सँभाल ली। नमक सत्याग्रह आन्दोलन का सारा जिम्मा उन्हीं के सिर पर आ गया था। इस बीच सरकार ने वार्तालाप का भी उन्हें निमंत्रण दिया। श्री जयकर एवं श्री तेज बहादुर सप्रु समझौता कराने के पक्ष में थे। पर उन्होंने सरकार ही समझौता नीति को देशवासियों एवं देश हितों को देखकर नकार दिया। उनका कहना था, ''समझौते का समय अभी दूर है और यदि हम गाफिल रहकर शिथिल हो जाएँगे तो वह और भी दूर चला जाएगा। इसलिए ऐसी मिथ्या बातों पर जरा भी ध्यान न देकर कांग्रेस का काम सबको अधिक जोरों से जारी रखना चाहिए। कोई यह न भूले कि लड़ाई का जल्दी अन्त लाने का यही एक उपाय है।

31 जुलाई को बाल गंगाधर तिलक का जन्मदिन मनाया जाने का कार्यक्रम था। पूरे देश में शोभायात्रा (जुलूस) का कार्यक्रम था। कांग्रेस कार्य समिति की बैठक का आयोजन बम्बई में हो रहा था। बैठक में देश के कई दिग्गज नेता—पं. मदनमोहन मालवीय, जयराम दास, दौलतराम दास व वल्लभभाई आदि मौजूद थे। अतः उनके नेतृत्व में भव्य शोभायात्रा निकाली गई। परन्तु बोरीबंदर स्टेशन पर उसके पहुँचते ही उसे प्रतिबंधित कर दिया गया।

31 जुलाई को एक जुलूस का नेतृत्व करते हुए इन्हें बम्बई में गिरफ्तार कर लिया गया। तब तीन महीने की कैद की सज़ा सुनाई गई। पूना के समीप यरवदा जेल में इन्हें ले जाया गया। 'सरकार एवं आन्दोलनकारियों में वार्तालाप

हो', इसके लिए कुछ नेता सक्रिय थे। परंतु सविनय अवज्ञा आन्दोलन दिन प्रतिदिन फैलता जा रहा था। सरकार भी अपनी पूरी तैयारी के साथ उससे निबटने के लिए सख्ती बरत रही थी। तब एक अंग्रेज पत्रकार जिनका नाम सोलोंकोव था, वह समझौता कराने के लिए आगे आए। वह यरवदा जेल गए। उन दिनों गाँधी जी वहीं कैद थे। उन्होंने समझौता करने का गांधी जी से आग्रह किया। इसके साथ डॉ. जयकर एवं तेज बहादुर सप्रू भी समझौता कराने के लिए आगे बढ़े। वायसराय की ओर से इस मुद्दे पर ठोस कार्यवाही करने का पुख्ता आश्वासन न मिलने की वजह से सत्याग्रही भी पीछे हट गए। अतः अधिकतर भारतीय नेताओं ने भी गोलमेज परिषद में भाग लेने से अपने कदम पीछे हटा लिए।

भारत के कुछ दलों के नेताओं ने इंग्लैंड में आयोजित (12 अप्रैल, 1930) गोलमेज परिषद में भाग लिया। इस पर ब्रेल्सफ्रेड की यह टिप्पणी पठनीय है, "In st Jaines palce these did assemble, princes and untocchables Shiks and Muslims, Hindus and Critians Spakesmen of Landowners, Tracle union and Chambers of Commerce, but mother India was not there."–Bralisfard, Subject India.

जेल से छूटते ही इन्होंने खादी भण्डार में एक भाषण दिया। इस भाषण पर इन्हें फिर गिरफ्तार कर लिया गया। तब इन्हें नौ महीने की कैद की सज़ा हुई। यह दिसम्बर 1930 के दूसरे सप्ताह की बात है।

5 मार्च, 1931 'गाँधी-इर्विन' समझौते के अन्तर्गत सरदार पटेल भी रिहा हुए। भारतीय नेताओं पर गोलमेज परिषद का व्यापक असर नहीं हुआ। ऐसे में सविनय अवज्ञा आन्दोलन को अधिक बल मिला। सरकार को अपनी दाल गलती दिखाई नहीं दी अतः उसने समझौता करना ही मुनासिब समझा। इस दिशा में पहल करते हुए सरकार के कार्य समिति के सदस्यों को जेल से रिहा कर दिया। गाँधी-इर्विन समझौते के मद्देनजर कार्य समिति के सदस्यों को जेल से छोड़ा गया था। समझौते के अनुसार आन्दोलन के दौरान सरकार द्वारा अधिगृहीत सम्पत्ति भूमि लौटाना था। अध्यादेशों को निरस्त करना था।

नमक बनाने का अधिकार देना था। अतः सविनय अवज्ञा आन्दोलन को रोक दिया गया। दूसरे गोलमेज परिषद में शामिल होने की स्वीकृति राष्ट्रीय नेताओं ने दे दी थी। इसी समझौते के तहत वल्लभभाई को रिहा किया गया था।

1931, मार्च में कांग्रेस का वार्षिक अधिवेशन करांची में होना तय था। अधिवेशन के अध्यक्ष पद को वल्लभभाई ने सुशोभित किया। लेकिन वल्लभभाई का मन कहीं और था। कारण वल्लभभाई के साथ कुछ और नेता भी चिंतित थे। एक कारण तो यह था कि सांडर्स हत्याकांड में सरदार भगतसिंह, सुखदेव एव राजगुरु को फाँसी की सजा दी गई थी और दूसरा हिन्दू-मुसलिम दंगा। कानपुर में हुए दंगे में गणेश शंकर विद्यार्थी की हत्या हो गई थी। उन्होंने अपने भाषण में कहा, ''मैंने जो थोड़ा बहुत काम किया है, उसके लिए आप मुझे सम्मान दे रहे हैं, ऐसा नहीं मानता परन्तु गुजरात ने पिछले वर्षों में जो बलिदान दिए हैं, उसका सम्मान कर रहे हैं।''

तब इन्होंने कराची में सम्पन्न हुए 46वें कांग्रेस अधिवेशन की अध्यक्षता की थी। इनके अध्यक्ष बनने पर सभी बड़े नेताओं को ही नहीं, छोटे-से-छोटे कार्यकर्ता को भी हार्दिक प्रसन्नता हुई थी।

सरदार पटेल के अध्यक्षीय भाषण के कुछ अंश इस प्रकार हैं—

''...इस युग की अपूर्व जागृति के गत वर्ष में किसी भी प्रान्त ने कुरबानियाँ करने में कोई कसर बाकी नहीं रखी। दयालु परमेश्वर की कृपा है कि वह जागृति सच्ची आत्मशुद्धि की जागृति थी।''

''...भगतसिंह और उनके साथियों की देशभक्ति, साहस और बलिदान के आगे मेरा सिर झुक जाता है। लगभग सारे देश की यह माँग थी कि इस नौजवान की फाँसी की सजा को बदलकर देशनिकाले की सजा दी जाए। फिर भी सरकार ने उन्हें फाँसी दे दी, यह प्रकट करता है कि मौजूदा शासन प्रणाली कितनी हृदयहीन है।''

7 सितम्बर, 1931 इंग्लैंड में द्वितीय गोलमेज सम्मेलन शुरू हुआ। कांग्रेस के एकमात्र प्रतिनिधि थे—महात्मा गाँधी, उन्होंने सम्मेलन में भाग लिया। गाँधी जी चाहते थे कि सुरक्षा और वैदेशिक मामले के ऊपर पूर्णरूप से नियंत्रण

के अधिकार सहित भारत में औपनिवेशिक राज्य की स्थापना हो। किंतु सरकार ने कांग्रेस के राष्ट्रीय स्वरूप की माँग को नकार दिया। अतः गाँधी जी को यह कहना पड़ा कि अब हमें अलग-अलग रास्तों पर चलना होगा।

गाँधी जी भारत लौट आए। देश में राजनैतिक सरगर्मियाँ उबाल पर थीं। तमाम नेता सविनय अवज्ञा आन्दोलन पुनः शुरू करना चाहते थे। क्योंकि गोलमेज परिषद की बैठक में भाग लेने जाने से पूर्व गाँधी जी ने देश की जनता से अपील की थी, जब तक मैं गोलमेज परिषद की मीटिंग में भाग लेकर स्वदेश न लौट आऊँ, तब तक किसी प्रकार का धरना या आयोजन स्थगित रखा जाए। वल्लभभाई ने इसके मद्देनजर अपने ढंग से काम किया। उन्होंने महात्मा गाँधी की भावनाओं का पूर्णतः सम्मान किया।

गाँधी जी इंग्लैंड से भारत आए। पर तब तक स्थिति बहुत कुछ विस्फोटक हो चली थी। सविनय अवज्ञा आन्दोलन पुनः शुरू हो गया। पूरे देश में इस आन्दोलन की धूम मच गई। सरकार ने पं. जवाहर लाल नेहरू को जेल भेज दिया। 4 जनवरी, 1932 को वल्लभभाई व महात्मा गाँधी को गिरफ्तार कर लिया गया।

महादेव भाई द्वारा लिखित उनकी डायरी से कुछ विवरण यहाँ उद्धृत कर रहे हैं। एक दिन महादेव भाई ने वल्लभभाई से पूछा–"क्या आपने चाय पीना छोड़ दिया है?"

वल्लभभाई ने कहा–"यहाँ बापू साथ अब क्या चाय पियें। मैंने तो तय कर लिया है कि वे जो खाएँ, सो खाएँ। चावल छोड़ दिया और साग उबालने का निश्चय किया और दो बार रोटी दूध खाने का। बापू भी रोटी खाते हैं।"

वल्लभभाई महात्मा गाँधी की सेवा करने का अवसर नहीं खोना चाहते थे। वह बापू के लिए सोडा बनाते, खजूर साफ करते और दातुन तैयार करते। वह हँसते हुए कहते, मुझे क्या पता था कि यहाँ साथ रहने वाले हैं। पता होता तो काका से पूछ लेता कि बापू का क्या-क्या काम करना होता है। बापू तो कुछ कहते नहीं इसलिए मालूम नहीं पड़ता।

एक दिन बापू पौने चार बजे के स्थान पर तीन बजे उठ बैठे। प्रार्थना आदि कर लेने के बाद उन्होंने सरदार से कहा–"आप बाकी की नींद पूरी कर लें।"

सरदार बोले–"नहीं, हम तो आपके पीछे-पीछे चलेंगे।"

यह पीछे चलना केवल शाब्दिक नहीं था। सरदार के रोम-रोम से यही ध्वनि निकला करती थी। उस दिन किसी प्रसंग, में बापू बोले–"किसी-न-किसी दिन तो किसी के कंधे पर चढ़ना पड़ेगा।" सरदार ने कहा–"नहीं, नहीं, ऐसा नहीं हो सकता। देश को मझधार में छोड़ आप कैसे जा सकते हैं। एक दफा जहाज को किनारे पहुँचा दीजिए, फिर जहाँ जाना चाहें चले जाना। मैं साथ चलूँगा।"

कोई यह न समझे कि बापू इतनी भक्ति देखकर उनसे कोई काम नहीं लेते थे। एक बार महात्मा गाँधी को एक पत्र लिखवाना था। महादेव भाई चरखा चला रहे थे। बापू बोले–"इसका कातना तो नहीं छुड़वाया जा सकता।" यह सुन वल्लभभाई बोले–"मुझे लिखा दीजिए। बापू बोले, "भले ही लिखिए, परन्तु तुम पर मुझे दया नहीं आएगी यह समझ लेना। फिर पत्र ही नहीं लिखवाया गया बल्कि शाम को एक लम्बे पत्र की नकल भी करवाई। घंटा भर लग गया। महादेव भाई बोले–"थक जाएँगे तो छोड़ देंगे?" परंतु वल्लभभाई महात्मा गाँधी का काम करने से तनिक भी नहीं हिचकिचाते थे।

वल्लभभाई दातुन कूटने, बादाम पीसने का ही काम नहीं करते थे, बल्कि लिफाफे भी बनाते थे। एक दिन उन्होंने एक पुस्तक पर जिल्द लगा दी। बापू उनकी कार्य कुशलता से काफी प्रभावित थे। उन्होंने इस संदर्भ में एक पत्र में लिखा, "लिफाफों में तो कोई उनकी बराबरी नहीं कर सकता। लिफाफे वे नापे बिना बनाते हैं। और अंदाज से काटते हैं, मगर बराबर से निकलते हैं, और फिर ऐसा नहीं लगता कि इसमें बहुत समय लगता है। उनकी व्यवस्था आश्चर्यजनक होती है। जो कुछ करना है, उसे याद रखने के लिए छोड़ते ही नहीं। जैसे ही आया, वैसे ही कर डाला। कातना जब से शुरू किया है,

तब से बराबर समय पर कातते हैं। इस तरह सूत और गति में रोज सुधार होता जा रहा है। हाथ में लिया हुआ काम भूल जाने की बात तो शायद ही होती हो।''

महात्मा गाँधी वल्लभभाई की प्रशंसा करने के बाद उन्हें डाँटना भी नहीं भूलते थे, एक दिन प्रातः नौ बजे सोड़ा देने समय बापू ने उनसे कहा– ''क्या आपको नर्सिंग का एक कोर्स देने की जरूरत नहीं है, देखिए तो आपने चम्मच ऊपर से पकड़ने की बजाय ठेठ मुँह के पास पकड़ रखा है। यह सारा चम्मच गिलास में जाएगा इसलिए उस जगह उसको हाथ में नहीं छूना चाहिए और जिस रूमाल से मुँह पोंछा जाता है, उसी से आपने इस चम्मच को साफ किया। यह भी नहीं होना चाहिए। पीकर गिलास यों ही औंधे मुँह नहीं रख देना चाहिए। अगर आप इस आशा से औंधे रखते हो कि धुल जाते होंगे तो मैं आपसे कहता हूँ कि ये अक्सर नहीं धोए जाते।''

एक बार बापू ने सोने के लिए नारियल की रस्सी की खाट मँगवाई। उसे देखकर वल्लभभाई ने कहा–''क्या कहा? इस पर भी सोते होंगे? गद्दे में नारियल के बाल क्या कम है, जो नारियल की रस्सी पर सोना है?''

बापू–लेकिन देखिए तो वह खाट कितनी साफ रह सकती है?

सरदार–आप भी खूब है। इस पर तो चारों कोनों पर नारियल बाँधना है। ऐसी बदशक्ल खाट से काम नहीं चलेगा। इस पर कल निवाड़ भरवाँ दूँगा।

बापू–नहीं वल्लभभाई, निवाड़ में धूल भर जाती है, निवाड़ धुलती नहीं, इस पर पानी उँड़ेला कि यह एकदम साफ।

सरदार–निवाड़ धोबी को दी कि दूसरे दिन धुल कर आई।

बापू–मगर यह रस्सी निकालनी नहीं पड़ती, यो ही धुल सकती है।

महादेव–हाँ, बापू यह तो एक गरम पानी से धोयी जा सकती है, और इससे खटमल भी नहीं रह सकते।

सरदार–चलो, अब तुमने भी राय दे दी। इस खाट में पिस्सू खटमल इतने होते हैं कि पूछिए नहीं।

बापू–पर मैं तो इसी पर सोऊँगा। भले ही आप ऐसी न मँगाये। मेरे

यहाँ तो मुझे याद है। बचपन में ऐसी खाटें काम में लाते थे। मेरी माँ इन पर अदरक छीलती थी।

महादेव—यह क्या है? यह मैं नहीं समझा?

बापू—अदरक का आचार डालना होता तो अदरक को चाकू से साफ न करके खाट पर घिसते जिससे छिलके साफ हो जाते।

वल्लभभाई—इसी तरह इन मुट्ठी भर हड्डियों पर से चमड़ी उधड़ जाएगी। इसलिए कहता हूँ कि निवाड़ लगवा लीजिए।

परंतु बापू ने सरदार का कहा नहीं माना। पर इस घटना से साफ है कि वल्लभभाई तुरंत हाजिर जवाब थे।

गाँधी जी की विनोद वृत्ति तो संसार प्रसिद्ध है, परंतु वल्लभ की हास्य वृत्ति आम लोगों के सामने नहीं आई। यहाँ तक कि होली पर भंग की तरंग में उपाधियाँ दी जाती थीं। तब भी उन्हें हैवी टैंक जैसी उपाधियाँ होती थीं। वैसे भी उनका मनोविनोद हैवी टैंक से कम वजनी नहीं होता था। राजनीतिक दाँवपेच उनकी मनोविनोद भावना को तीक्ष्ण व्यंग्य विष युक्त चातुर्य में बदल देते थे। अतः जनता उन्हें कटु व्यंग्यकार समझती थी। परंतु वल्लभभाई बच्चे की तरह हँस सकते थे।

कहते हैं एक बार कुछ लोग गाँधी जी से मिलने आए। मार्ग में उनकी भेट वल्लभभाई से हो गई। वल्लभभाई ने पूछा—"किधर जा रहे हो?"

बोले—"गाँधी जी से मिलने जा रहे है।"

वल्लभभाई ने पूछा—"क्यों?"

उन्होंने कहा—"ब्रह्मचर्य पर उनसे कुछ चर्चा करनी है।"

वल्लभभाई ने कहा—"ब्रह्मचर्य पर उनसे क्या बात करोगे? उनके चार बेटे हैं, सब विवाहित हैं। उनकी पत्नी जिंदा हैं। वह ब्रह्मचर्य का क्या जानें? इस पर मुझसे बात करो? मेरे दो बच्चे हैं। बहुत पहले मेरी पत्नी की मृत्यु हो चुकी है। तब से मैंने शादी नहीं की। ब्रह्मचारी मैं हूँ।"

महात्मा गाँधी सुबह शाम नीबू मिलाकर पानी पीते थे। नीबू गरमी में महँगे हो जाते हैं। अतः उन्होंने वल्लभभाई से कहा—"नीबू की जगह इमली

का प्रयोग किया जाए। जेल में इसके पेड़ भी बहुत हैं।''

यह सुन वल्लभभाई हँस दिए कहा–''इमली ने पानी से हड्डियाँ गल जाती हैं, बादी हो जाती है।''

गाँधी जी बोले–''जमनालाल जी पीते हैं सो?''

वल्लभभाई बोले–''जमनालाल जी की हड्डियों तक पहुँचने का इमली के लिए रास्ता नहीं।''

एक आलोचक ने गाँधी जी को चिट्ठी लिखी। उसके अंत में लिखा दिया–''उनके जमाने में जीने का दुर्भाग्य प्राप्त करने वाला।''

गाँधी जी ने वल्लभभाई से पूछा–''बताओ, इसका क्या जवाब दें?''

वल्लभभाई ने तपाक से कहा–''लिखिए कि जहर खा ले।''

गाँधी जी ने कहा–''यह क्यों न लिख दूँ कि मुझे जहर दे दे।''

वल्लभभाई ने कहा–''मगर इससे उसके कहाँ दिन पलटेंगे? आपको वह जहर दे दे तो आप तो गए और फाँसी मिले उस बेचारे को। तब भी आपके साथ जन्म लेने का भाग्य में बड़ा होगा। इससे अच्छा है कि वह स्वयं ही जहर खा ले।''

4 जनवरी, 1932 को वल्लभभाई सायं चार बजे गिरफ्तार कर लिए गए। इन्हें कार द्वारा यरवदा ले जाकर गाँधी जी के साथ ही, 16 महीने के लिए कैद कर दिया गया। इन्हीं दिनों करमसद में पटेल की माता का देहान्त हो गया।

जेल से छूटते ही गाँधी जी ने जो वक्तव्य दिया था, वह निम्नलिखित है–

''जेल में सरदार वल्लभभाई के साथ रहने का अवसर मिला, यह बड़े सौभाग्य की बात थी। उनकी अद्वितीय शूरवीरता और ज्वलंत देशभक्ति का तो मुझे पता था, परन्तु इन सोलह महीनों में उनके साथ जिस तरह से रहने का मुझे सौभाग्य मिला, उस तरह से मैं उनके साथ कभी नहीं रहा था। उन्होंने मुझ पर जो हार्दिक ममता और प्रेम बरसाया उससे तो मुझे अपनी प्यारी माँ का स्मरण हो आता था। मैं नहीं जानता था कि उनमें ऐसे माता के गुण भी होंगे। मुझे कुछ भी होता कि वे बिस्तरे से उठ बैठते। मेरी सुविधा

की ज़रा-सी बात की भी, वे खुद चिन्ता रखते थे। उन्होंने और मेरे अन्य साथियों ने भीतर ही भीतर तय कर लिया था कि मुझे कुछ भी काम न करने दिया जाए। मैं आशा रखता हूँ कि सरकार मेरी यह बात मानेगी कि जब भी हम राजनैतिक बातों की चर्चा करते थे, तब उन्हें सरकार की कठिनाइयों का बराबर खयाल रहता था। बारडोली और खेड़ा के किसानों की वे जैसी चिन्ता करते थे, उसे मैं कभी भूल नहीं सकूँगा।''

1 अगस्त, 1933 के दिन पटेल को नासिक जेल में स्थानान्तरित कर दिया गया। 22 अक्टूबर को सरदार के बड़े भाई विट्ठलभाई पटेल का स्विट्ज़रलैंड में देहान्त हो गया। सरकार ने इन्हें शर्त-सहित रिहा करने की पेशकश की। सरदार पटेल ने शर्तों पर रिहा होने की पेशकश ठुकरा दी।

उस समय उन्होंने मथुरादास त्रिक्रम जी को जो पत्र लिखा था, उससे उनकी तत्कालीन मनःस्थिति पर प्रकाश पड़ता है–

''तुम्हारा पत्र मिल गया था। फिर तो चारों ओर से आने वाले तारों और पत्रों के जवाब देने में लग गया। चित्त भी कुछ अशान्त हुआ। अब कुछ नहीं। होना था सो हो गया। कभी-कभी स्मरण हो आता है। परन्तु यह सब अब वेदनाप्रद नहीं रहा। गहरा विचार करने पर लगता है कि इस कठिन काल में बनी हुई इज़्ज़त के साथ इस फ़ानी दुनिया को छोड़कर जाने का सौभाग्य प्राप्त हो, तो इसमें शोक की कोई बात नहीं। ईश्वर को जो पसन्द था सो हुआ। जाते-जाते भाई कुटुम्ब की, जाति की और देश की इज्जत बढ़ा गए हैं, इसलिए मैं ज़रा भी चिन्ता नहीं करता। पहले तो गहरा आघात लगा। उनके जाने की अपेक्षा इस बात का मुझे अधिक दुःख रहा कि वे ऐसे स्थान से गए, जहाँ ऐसा कोई पास में नहीं था, जिसके सामने अपना दिल खोलकर जाते, परन्तु अब इस बात का शोक व्यर्थ है। इससे एक ही शिक्षा मिलती है–कोई नहीं जान सकता कि अन्तिम क्षण कब आएगा। इसलिए मन में जो कुछ कहने जैसा हो, उसे पहले ही कह रखना चाहिए और जी हलका करके मौज से रहना चाहिए।''

1934 में, जेल में ही इन्हें नाक-सम्बन्धी गम्भीर कष्ट हो गया। 14

जुलाई को सरकार ने इन्हें रिहा कर दिया। गाँधी जी ने 24 सितम्बर को कांग्रेस की प्राथमिक सदस्यता तक छोड़ देने का निश्चय किया। सरदार पटेल ने गाँधी जी की इस बात को स्वीकार करते हुए एक बयान दिया।

महात्मा गाँधी हरिजन उद्धार के कार्यक्रम में व्यस्त थे। सरकार जाति के नाम पर सवर्ण-असवर्ण को लेकर फूट डालने का हर संभव प्रयास करने से नहीं चूक रही थी। पर गाँधी जी व उनके सहयोगियों के चलते सरकार इस साजिश में सफल न हो सकी। गोलमेज परिषद की बैठक में ही गांधी जी ने स्पष्ट कर दिया था, ''यदि स्पृश्य कही जाने वाली जातियों के लिए अलग निर्वाचन मंडल घोषणा हुई तो मैं उसका जीवन पर्यंत विरोध करता ही रहूँगा। उन्होंने सत्याग्रह पर रोक लगा दी। गुजरात विद्यापीठ को दुरुस्त किया। इसके बाद डॉक्टर भास्कर पटेल के संग लेकर बोरसद में फैले प्लेग के रोगियों की सेवा में जुट गए। धीरे-धीरे और लोगों का भी साथ मिलने लगा। चैत्र-वैशाख की तपती गरमी में पेड़ के नीचे लगा वहाँ सात दिन रहे।

राष्ट्रीय कांग्रेस के पचास वर्ष पूरे हो रहे थे। केन्द्रीय विधानसभा के चुनाव भी प्रस्तावित थे। इन दोनों आयोजनों के लिए वल्लभभाई पूरी तरह से जुट गए। इसके निमित्त उन्होंने अपने स्वास्थ्य की भी तनिक परवाह नहीं की। बड़े धूमधाम से जयंती मनाई गई।

वल्लभभाई यरवदा जेल में थे तो उस समय उनकी नाक का कोटेरीजेशन (बढ़े हुए हिस्से को जलाने की प्रक्रिया) कराया गया था। गाँधी जी को जेल से रिहा कर दिया गया था। जेल से छूटने के बाद भी गाँधी जी वल्लभभाई के स्वास्थ्य को लेकर चिंतित रहते थे। उन्होंने वल्लभभाई की नाक के ऑपरेशन के लिए सरकार से स्वयं व्यक्तिगत अनुरोध करने का मन बनाया। पर किसी तरह से इसकी जानकारी वल्लभभाई को लग गई। उन्होंने गांधी जी को ऐसा करने से मना कर दिया। उन्होंने गाँधी जी को यह सब मना करते हुए लिखा, ''जब सरकार को सलाह मिलेगी कि ऑपरेशन कराना पड़ेगा। तब वह कराएगी या जो सुविधाएँ चाहिए देगी तब तक पीड़ा भुगतना ही अच्छा है। डेढ़ वर्ष तक भुगती तो कुछ समय और सही।...जान का खतरा

मालूम होने पर तो सरकार को स्वयं ही जो करना होगा, वह कराएगी। और खतरा न हो तो पीड़ा भुगतना हमारा कर्तव्य ही है, भुगतने आए हैं और भुगतेंगे। इसके लिए क्या है? मैं चाहता हूँ कि आप इस सम्बन्ध में निश्चिंत रहें। मुझे कुछ नहीं होगा।...मेरी खास प्रार्थना है कि इस सम्बन्ध में आप सरकार के पास कुछ न लिखें। और न बाहर ही कोई आन्दोलन हो। 'मैं जेल में बीमार रहता हूँ', ऐसी बात जाहिर होने से मुझे शर्म आएगी और मेरी ऐसी तो बदनामी आप हरगिज नहीं होने देंगे।''

कांग्रेस ने अपने बम्बई-अधिवेशन में यह निर्णय किया कि केन्द्रीय असेम्बली में भाग लेना उचित है। तब सरदार पटेल ने लगभग समस्त भारत का दौरा करके चुनाव लड़ने के कांग्रेस द्वारा खड़े किए गए प्रत्याशियों को ही चुनने का ज़ोरदार आन्दोलन और प्रचार किया। ब्रिटिश सरकार ने मि॰ जिन्ना को पश्चिमोत्तर सीमा प्रान्त में जाने की अनुमति दे दी। सरदार ने भी वहाँ जाने की अनुमति माँगी और वह दे दी गई। परन्तु जब सरदार वहाँ गए, तो उन्हें बन्नू जिले में जाने से रोक दिया गया।

1935 में बोरसद में प्लेग फैल गया था। सरदार पटेल ने सहायता-कार्य का अत्यन्त कुशलता तथा योग्यता से संगठन किया।

क्वेटा में भूकम्प आया तो बम्बई में सहायता कार्य का नेतृत्व सरदार पटेल ने सँभाला। यहाँ सरदार पटेल ने दिन-रात अथक काम किया और उन्हें पीलिया (Jaundice) हो गया।

जब सरदार स्वस्थ हुए तो बम्बई के गवर्नर सर रोजर ल्युम्ले ने उन्हें बुला भेजा तथा उन्हें प्रेज़िडेन्सी के मुख्यमंत्री का पद सँभालने का आग्रह किया। परन्तु साथ ही गवर्नर ने यह कहा कि बारडोली के जिन किसानों की ज़मीनें ज़ब्त की गई हैं, वे वापस नहीं दी जाएँगी और जिनकी ज़मीनें बेच दी गई हैं, उन्हें क्षतिपूर्ति नहीं दी जाएगी। सरदार पटेल ने उत्तर दिया–''मैं मुख्यमंत्री का पद लेने को तैयार नहीं हूँ और ज़मीनें तो आपको एक-एक किसान की वापस करनी होगी।''

इसी साल भड़ोच में तृतीय स्थानीय शासन सम्मेलन का अधिवेशन

हुआ। सरदार पटेल ही इसके अध्यक्ष थे।

1936 में सरदार पटेल ने हरिजन फण्ड के लिए दो दिनों में 49,000 रुपये एकत्र किए।

उसी वर्ष इन्हें कांग्रेस संसदीय उपसमिति (कांग्रेस पार्लियामेंट्री बोर्ड) का अध्यक्ष बनाया गया तथा उक्त उपसमिति को ही, भारत सरकार के 1935 के कानून के अन्तर्गत होने वाले प्रान्तीय विधान सभाओं के चुनावों के तमाम प्रत्याशी चुनने का अधिकार सौंपा गया।

❐

13. देश की त्रिमूर्ति में पटेल

अब तक सरदार पटेल का नाम भारत के चोटी के नेताओं में से मुख्य त्रिमूर्ति—गाँधी, पटेल, नेहरू (महात्मा गाँधी, सरदार पटेल, जवाहरलाल नेहरू) में गिना जाने लगा था।

सरदार पटेल के व्यक्तित्व की जनता में इस प्रकार की स्थिति मानी जाती थी कि वे महान राजनीतिज्ञ हैं, निष्ठावान देशभक्त हैं, भारतीय राष्ट्र के निर्माताओं में से एक हैं, देश के स्वातंत्र्य-संग्राम के दुर्धर्ष सेनानी हैं। संकल्प में वे चट्टान, मन की गहराई में सागर और निर्भीकता तथा साहस में सिंह के समान हैं। उन्हें कठोर अनुशासन पसन्द है। स्वयं सदा अनुशासनबद्ध रहते हैं और समस्त कांग्रेस संगठन को हमेशा अनुशासनबद्ध ही देखना चाहते हैं। कांग्रेस की निश्चित नीति और कार्यक्रम के खिलाफ आचरण करने वाले किसी भी कांग्रेस मैन को उन्होंने कांग्रेस में नहीं रहने दिया, फिर चाहे वह कितनी ही बड़ी हस्ती क्यों न हो।

पार्टीभक्ति, निष्ठा एवं देश की स्वतंत्रता के लिए बड़े-से-बड़ा त्याग करने का उनका संकल्प अप्रतिम है। वे शब्द के वास्तविक अर्थ में 'राजनीतिज्ञ' हैं। वह पक्के यथार्थवादी हैं। भावनाएँ अथवा क्षणिक उत्तेजनाएँ कभी भी उनको अपने साथ बहा ले जाने में सफल नहीं हो सकीं। उनकी संगठन शक्ति अद्भुत है। उनमें सैनिक-सुलभ अनुशासन है। अपने साथ काम करने वालों में कर्तव्य भावना तथा उत्तरदायित्व की भावना उत्पन्न करने में वह एक ही हैं। उनमें फौजी स्पिरिट है। स्वयं जितने घोर कर्मठ हैं—कार्यकर्ताओं को भी वे उतने

ही कर्मठ बनाने की योग्यता रखते हैं। 1937 ई. में धारा सभाओं का चुनाव प्रस्तावित था। इसके लिए कांग्रेस की कार्य समिति ने पार्लियामेंट्री बोर्ड का गठन किया। उनकी कार्यकुशलता, सूझ-बूझ एवं वाक्‌कला में चतुरता आदि देखकर महात्मा गाँधी की सलाह पर कांग्रेस ने सरदार पटेल को कांग्रेस पार्लियामेंट्री बोर्ड का चेयरमैन बनाया था। पं. गोविंद वल्लभ पंत को उसका मंत्री बनाया गया था। सरदार पटेल इस पद के सर्वथा उपयुक्त पात्र सिद्ध हुए। आदमी की उन्हें अद्‌भुत पहचान थी। भारत के प्रत्येक प्रान्त से सरदार पटेल को हजारों पत्र प्राप्त होते रहते थे। चुनाव में टिकट पाने के प्रत्याशियों के पत्र, एक प्रत्याशी के विरुद्ध दूसरे प्रत्याशी के पत्र, आक्षेपपूर्ण पत्र, अनुनय-विनय के पत्र, अपनी सफाई के पत्र, दूसरे के स्कैंडल के पत्र, परन्तु सरदार पटेल इतने सूक्ष्म बुद्धि, इतने विचक्षण, इतने जानकार तथा इतने दक्ष थे कि वैसा व्यक्ति कम ही देखने-सुनने में आता है। भारत के सभी प्रान्तों के नेताओं तथा प्रमुख कार्यकर्ताओं के रिकार्ड उनके मस्तिष्क में रहते थे और उन्हें धोखा देना आसान नहीं था। वे शिष्टता, युक्तियुक्त तथा कम-से-कम शब्दों में पत्रों के उत्तर देते या भिजवाते थे।

सरदार पटेल के सभी कार्यक्रम निश्चित होते थे, सभी काम सुव्यवस्थित होते थे, उनकी पैनी दृष्टि न केवल सदाचारी तथा देशभक्त पर ही पड़ती थी, बल्कि उन्हें इस बात का भी सही अनुमान हो जाता था कि किसी प्रत्याशी में जीतने की भी योग्यता है या नहीं। ऐसा यथार्थवादी दृष्टिकोण अन्यत्र मुश्किल ही था। अतः गाँधी जी ने अपने दाएँ हाथ सरदार पटेल को ही कांग्रेस संसदीय बोर्ड का अध्यक्ष चुनकर कोई भूल नहीं की थी—यह बात उस समय सब पर प्रकट हो गई, जब कांग्रेस की देश के 11 में से 7 प्रान्तों बम्बई, मद्रास, विहार, मध्यप्रान्त संयुक्त प्रान्त और उड़ीसा में शानदार विजय हुई और इन प्रान्तों में कांग्रेस का शासन स्थापित हो गया। प्रत्येक प्रान्त के मुख्यमंत्री पद के लिए उचित व्यक्ति चुनने में भी सरदार पटेल का ही प्रमुख हाथ था।

1937 में बम्बई प्रदेश कांग्रेस कमेटी के अध्यक्ष श्री के॰ एफ॰ नरीमन से, बम्बई का मुख्यमंत्री किसे बनाया जाए, इस पर सरदार पटेल से भीषण

विवाद हुआ। भिन्न-भिन्न प्रदेशों के धारा सभा सदस्यों को अपने-अपने नेता चुनने की घोषणा हो गई थी। इसी के अनुसार बम्बई के कांग्रेस भवन में धारा सभा के सदस्यों की बैठक बुलाई गई और एकमत से श्री बाला साहब (बाल गंगाधर) खेर को प्रदेश धारा सभा का नेता चुना गया। परंतु के. एफ. नरीमन को यह निर्णय अनुचित लगा। नरीमन स्वराज्य दल के काल में भी धारा सभा को स्वराज्य दल के नेता रहे थे। वह बम्बई पार्लियामेंट्री बोर्ड के अध्यक्ष भी थे और कांग्रेस की दीर्घकाल तक सेवा की थी। अतः वह स्वयं को दल के नेता के रूप देखना चाहते थे। परंतु ऐसा नहीं हुआ। अतः उन्होंने निर्णय को लेकर आलोचना करना शुरू कर दिया। कुछ अखबार वालों ने भी नरीमन का साथ दिया। उनके समर्थन में विचार प्रकट किए। नरीमन का कहना था कि वल्लभभाई की कूटनीति के कारण वह दल के नेता नहीं चुने गए।

कांग्रेस अध्यक्ष पं. जवाहरलाल नेहरू ने मामले की खोजबीन की उन्होंने नरीमन को समझाया। पर नरीमन अपनी पर ही अड़े रहे। गाँधी जी ने भी दोनों में सुलह सपाटे की कोशिश की। पर बात नहीं बनी। नरीमन का कहना था मैं किसी की बात मानने को तैयार नहीं हूँ। परंतु मुझसे मनवा सके ऐसा कोई हो तो उसे मेरे पास लाया जाए।

अततः बहुत खोजबीन के बाद कांग्रेस कार्य समिति ने नरीमन को लेकर यह प्रस्ताव पारित कर दिया, "श्री नरीमन के उठाए हुए मुद्दों के बारे में महात्मा गाँधी तथा श्री बहादुर जी की रिपोर्ट पर कार्य समिति के विचार किया। उसी के साथ महात्मा गाँधी के लिखे हुए पत्र और जाँच समिति की रिपोर्ट में बारे में श्री नरीमन के दो वक्तव्यों पर थीं समिति ने ध्यान दिया। पंच का दिया हुआ निर्णय श्री नरीमन द्वारा की हुई उसको स्वीकृति और बाद में की गई अस्वीकृति इस रूपों को देखते हुए समिति श्री नरीमन को कांग्रेस में कोई भी जिम्मेदारी और विश्वास का स्थान लेने के अयोग्य करार देती है।"

उक्त घटना के स्पष्ट है कि वल्लभभाई सत्य एवं न्याय के पथ पर

चलते थे और अन्ततोगत्वा अपने पुनीत लक्ष्य में सफल भी हो जाते थे। अन्त में सरदार की ही विजय हुई।

1938 में जुलाई में, मध्यप्रदेश के मुख्यमंत्री डॉ॰ एन॰ बी॰ खरे के साथ सरदार पटेल का गम्भीर मतभेद हो गया। डॉ॰ खरे की हिंदी प्रदेशों के तीन मंत्रियों से पटती नहीं थी। पार्लियामेंट्री बोर्ड ने सुलह की भरपूर कोशिशें कीं पर नतीजा कुछ नहीं निकला। डॉ. खरे और उनके पद वाले मंत्रियों ने कांग्रेस की नियमों की अनदेखी करते हुए अपने त्यागपत्र गवर्नर को भेज दिए। गवर्नर ने उनके त्यागपत्र को स्वीकार कर लिया। वह सारी घटना से वाकिफ थे। पर वह जानबूझ कर अनजान बने रहे। इसके साथ ही उन्होंने अन्य मंत्रियों के भी त्यागपत्र ले लिए। डॉ. खरे को नया मंत्रिमंडल गठन करने को कहा। डॉ. खरे इसके लिए सहमत हो गए। यह स्पष्टतः कांग्रेस के उसूलों के खिलाफ था। कार्य समिति ने सभी मंत्रियों को बातचीत करने के निमित्त बुलाया। उन्होंने अपना दोष स्वीकार कर लिया। समिति के सुझाव पर ही नये नेता का चुनाव किया गया। डॉ. खरे ने दूसरा नेता चुनने के लिए बैठक बुलाने से मना कर दिया। कार्य समिति द्वारा एक प्रस्ताव सर्वसम्मति से पारित कर डॉ. खरे को किसी भी पद के लिए अयोग्य ठहरा दिया गया। इस घटना को लेकर वल्लभभाई पर उगलियाँ उठीं। परंतु वह इसके लिए दोषी नहीं थे।

फरवरी, 1938 में कांग्रेस का अधिवेशन बारडोली तालुका के हरिपुरा गाँव में आयोजित किया गया। श्री सुभाषचंद्र बोस को इसका अध्यक्ष और दरबार श्री गोपालदास देसाई को स्वागताध्यक्ष बनाया गया। परंतु व्यवस्था का दारोमदार वल्लभभाई पर था। उन्होंने ऐसी व्यवस्था की सभी उनके प्रति वाह-वाह कर उठे। इस अधिवेशन को इसलिए भी याद करते हैं, क्योंकि इसमें ही भारत दो वर्गों में बँट गया था–ब्रिटिश राज्य और स्वदेशी राज्य। राष्ट्रीय कांग्रेस प्रदेश स्तर पर हस्तक्षेप नहीं करती थी। पर इस सम्मेलन में कहा गया कि देशी राज्यों में जहाँ भी प्रजामंडल हो या इसी तरह की अन्य कोई संस्था हो, कांग्रेस उसके साथ तालमेल बैठाये और उसका मार्ग दर्शन

करे। इसका फल यह हुआ कि राज्यों में प्रजामंडल स्थापित होने लगे और वे उत्तरदायित्व की माँग करने लगे। राजकोट का आन्दोलन इस मुद्दे को लेकर काफी चर्चित रहा। वहाँ के दीवान वीरबाला प्रसिद्ध कूटनीतिज्ञ थे। उन्होंने राज्य के राजस्व को बढ़ाने के लिए जुआ घर खोले थे। मजदूरों से अधिक काम लिया जाता था।

प्रजा इसके खिलाफ एकजुट हो गई। उसने ढेबरभाई की अगुवाई में सत्याग्रह शुरू कर दिया। उनकी जीत भी हुई। उस समय वल्लभभाई ने दरबार वीरबाला को सुझाया, वे ठाकुर साहब के राज्य में उत्तरदायी शासन की स्थापना हेतु उनसे कहें।

जिसके कारण डॉ॰ खरे को अपने पद से हटना पड़ा और लोग सरदार को 'डिक्टेटर' कहने लगे।

इन्हीं दिनों सरदार ने 'काठियावाड़ राजकीय परिषद' की अध्यक्षता की। यहाँ सरदार की हत्या का प्रयत्न किया गया, किन्तु वे बच गए।

मैसूर राज्य की सरकार वहाँ राष्ट्रीय ध्वज नहीं फहराने देती थी। सरदार पटेल वहाँ गए और उनके हस्तक्षेप से वहाँ की सरकार ने ध्वज फहराने पर से पाबन्दी उठा ली।

24 दिसम्बर को विमान द्वारा सरदार पटेल राजकोट पहुँचे। वहाँ के ठाकुर साहेब से सरदार की बातचीत हुई। इसके अनुसार, राजकोट रियासत में गिरफ्तार किए गए राजनीतिक कैदी रिहा कर दिए गए। राजकोट के ठाकुर ने उन्हें अपनी रियासत में मंत्री बनाना चाहा, परन्तु सरदार ने इनकार कर दिया।

दरबार वीरबाला ने ऐसा करने की हामी भर ली पर दूसरी तरफ साजिश के तहत एक अंग्रेज को ठाकुर साहब का परामर्शदाता बना दिया। प्रजा फिर से पीड़ित होने लगी। इसको लेकर आन्दोलनकारी जेल तक गए। सुलह सपाटे का दौर चला यह कई चरणों में चला। गाँधी जी ने बीच-बचाव कर ठाकुर साहब से वार्तालाप किया। कई प्रस्ताव तैयार किए और फिर वह ठाकुर साहब से मिले। उन्होंने ठाकुर साहब को लिखा यदि वह बात नहीं मानते हैं, तो मैं उपवास शुरू कर दूँगा। उन्होंने वायसराय को भी पत्र लिखा।

वायसराय भारत के मुख्य न्यायाधीश मारिस ग्वायर को समझौतों की शर्तों को सही तरह से समझाने के लिए नियुक्त किया।

गाँधी जी ने अनशन समाप्त कर दिया। मुख्य न्यायाधीश ने अपनी खोजबीन के बाद निर्णय दिया, "समिति के दस सदस्यों में सात सदस्य वल्लभभाई द्वारा सुझाए गए हैं।"

इस घटना से दूसरे राजा सतर्क हो गए और प्रजापरिषदें भी उत्तरदायी शासन के लिए कटिबद्ध हो गईं।

सन् 1939 में कांग्रेस का अधिवेशन त्रिपुरा में होना तय था। पहले अब्दुल कलाम आजाद का नाम अध्यक्ष पद के लिए स्वीकारा गया। परंतु उन्होंने इनकार कर दिया। फिर डॉ. पट्टाभि सीतारमैया का नाम प्रस्तुत हुआ। उधर सुभाषचंद्र बोस भी मैदान में थे। समिति के आग्रह करने पर उन्होंने अपना नाम वापस नहीं लिया। उन्होंने महात्मा गाँधी और जवाहरलाल नेहरू की बात भी नहीं मानी। चुनाव हुआ तो बाजी सुभाषचंद्र बोस के हाथ लगी।

इसके बाद कुछ और खेदजनक घटनाएँ घटीं। श्री सुभाषचंद्र बोस उन दिनों बहुत बीमार थे। वे त्रिपुरा के खुले अधिवेशन में शामिल न हो सके। समिति ने गाँधी जी के नेतृत्व में विश्वास दर्शाते हुए उनसे कार्य समिति के सदस्यों का चुनाव करने का अनुरोध किया।

कांग्रेस अध्यक्ष ने यह प्रस्ताव नहीं माना। पं. जवाहरलाल भी इसमें सफल नहीं हुए। बात इतनी बढ़ी की सुभाषचंद्र बोस को तीन साल के लिए कांग्रेस से बाहर कर दिया गया। इसके लिए सर्वाधिक दोषी वल्लभभाई को ठहराया गया। वह तो स्पष्टवादी थे। अतः वह शब्दों के चक्कर में फँसना नहीं चाहते थे, जो उनके हृदय में होता था, वही उनकी वाणी पर उतरता था।

सौराष्ट्र के एक राजा ने वल्लभभाई की हत्या करने की साजिश रची। परंतु जब वह गाँधी जी से मिले, उनसे मेल-मिलाप वार्तालाप हुआ। फलतः वे वल्लभभाई को अपना बड़ा भाई कहने लगे। कांग्रेस इस तरह भँवर जाल

में फँसी थी कि यूरोप पर युद्ध के बादल मँडराने लगे। हिटलर की अगुवाई में जर्मनी ने यूरोप के छोटे-छोटे राज्यों पर कब्जा करना शुरू कर दिया। लेकिन जब उसने पोलैंड अधिकार में लिया तो मजबूरन इंग्लैंड और फ्रांस आदि मित्र राष्ट्रों को जर्मनी के खिलाफ युद्ध में उतरना पड़ा।

कुछ समय भारत के वायसराय ने इस देश को भी इस युद्ध में लगा दिया। उसने प्रजा मंडलों के सदस्यों की राय नहीं ली। बड़े-बड़े नेताओं को जेल में बंद कर दिया गया। कार्य समिति के अधिकांश सदस्य जिनमें वल्लभभाई भी थे गाँधी जी की बात नहीं समझ सके तो उसे स्वीकार भी कैसे करते? वल्लभभाई ने घोषणा की–''मैं आपकी आज्ञा का पालन करने को तैयार हूँ, परंतु यदि आप यह कहें कि इस विषय में मुझे अपनी मान्यता के अनुसार आचरण करना चाहिए तो मैं मानता हूँ कि युद्ध पूरा होने के बाद भारत को पूर्ण स्वतंत्रता देने की शर्त पर सहायता करने में किसी व्रत का भंग नहीं होता। अहिंसा से भारत को स्वतंत्रता मिलनी चाहिए, आपका वह सूत्र मुझे व्यावहारिक लगा। इस हद तक अहिंसा धर्म मैंने स्वीकार किया। उसका मैं पूर्ण श्रद्धा से पालन करता हूँ परंतु मैं यही मानता कि स्वराज्य प्राप्त करने के लिए अंग्रेज सरकार को युद्ध में नैतिक सहायता अथवा सीधी सहायता देने में मेरी अहिंसा की प्रतिज्ञा भंग होती है। फिर भी यदि आप आज्ञा दें कि मुझे आपके साथ रहना चाहिए तो मैं पहले मतभेद एक ओर रखकर आपकी आज्ञा के अनुसार आचरण करूँगा।''

अगस्त में कांग्रेस कार्यकारिणी ने एक उपसमिति बनाई और पटेल इसके अध्यक्ष बनाए गए।

1940 में सर सेम्युअल, भारत सचिव ने ब्रिटिश पार्लियामेंट में भाषण देते हुए कहा था–''क्या भारत स्वाधीन होने की योग्यता रखता है?'' अक्तूबर में, अहमदाबाद की एक विशाल जनसभा में सरदार पटेल ने इस प्रश्न का युक्तियुक्त किन्तु मुँहतोड़ उत्तर दिया।

सरदार पटेल ने इस भाषण में कहा था–''यदि इस युद्ध में तुम हार जाते हो, तो तुम अपना सब कुछ हार जाओगे और यदि कहीं तुम जीत जाओ,

तो भी तुम्हारी इतनी हानि हो चुकी होगी कि तुम्हारी विजय एक थोथी और नाममात्र की ही विजय होगी। मैं घोषणा करता हूँ कि इस युद्ध के अन्त में कोई भी राष्ट्र किसी दूसरे राष्ट्र की दासता का शिकार नहीं होगा। सभी जगह जनता की एक महान क्रान्ति उभर रही है। इस युद्ध के बारूद के ठंडे होने पर हम देखेंगे कि एक नया विश्व उदय हुआ है।''

द्वितीय महायुद्ध में अमेरिका, रूस और ब्रिटेन—मित्र शक्ति कहलाते थे और जर्मनी, इटली और जापान—धुरी शक्ति। जब जर्मनी ने रूस पर आक्रमण कर दिया, तब अमेरिका और रूस आदि ने ब्रिटेन पर दबाव डाला कि वह भारतीय नेताओं को किसी तरह प्रसन्न करके अपने साथ कर ले, क्योंकि भारतीय सैनिक तथा सामग्री युद्ध में सबसे अधिक आवश्यक है। इस दबाव के अन्तर्गत 1941 में सर स्टेफर्ड क्रिप्स भारत आए परन्तु भारत के सभी दलों ने उनका प्रस्ताव अस्वीकार कर दिया। सरदार पटेल ने वक्तव्य दिया—

''पहले तो सर स्टेफर्ड ने मीठी-मीठी बातें बनाकर यहाँ तक कह दिया कि जिस प्रकार इंग्लैंड में सम्राट राज्य करते हैं, उसी तरह भारत में वायसराय राज्य करेंगे। कांग्रेस ने उनको अपने प्रस्तावों की दूसरी बातें, जैसे कि भारत छोड़ देने को कहा। यह जानना चाहा कि अभी आप क्या करना चाहते हैं, क्योंकि भविष्य में आप जो स्वतंत्रता देंगे, उसकी इस समय क्या बात की जाए? भविष्य में आपके पास स्वतंत्रता देने जैसा कुछ रह जाएगा, तभी तो आप देंगे? इसकी बात उस समय कर लेंगे। परन्तु आज क्या दे रहे हैं? आप ऐसी बात कहते हो जिससे लोगों में मर-मिटने की भावना पैदा की जा सके तो कहिए। यहाँ तक मीठी-मीठी बातें करके अन्तिम दिन उन्होंने मौलाना आजाद को पत्र लिखा कि आप अब तक की हुई बातों में मुकर गए हैं, क्योंकि आप तो राष्ट्रीय सरकार की माँग करते हैं। सही बात यह थी कि क्रिप्स साहब खुद बदल गए, फिर भी उन्होंने कांग्रेस पर झूठा आक्षेप लगाया।''

अन्त में सर स्टेफर्ड क्रिप्स को छोटा-सा मुँह लेकर इंग्लैंड लौटना पड़ा।

1942 में नई दिल्ली में सर स्टेफर्ड क्रिप्स पुनः वार्ता के लिए आए। उनसे वार्तालाप के लिए कांग्रेस की ओर से सरदार पटेल को नियुक्त किया गया।

कुछ सुधारों के उपरान्त सरदार ने क्रिप्स के प्रस्तावों को स्वीकार करने की इच्छा प्रकट की।

उसी साल बम्बई में, ए॰ आई॰ सी॰ सी॰ में 'अंग्रेज़ो, भारत छोड़ो' (क्विट इण्डिया) प्रस्ताव का समर्थन किया। 8 अगस्त को गिरफ्तार करके अहमदनगर में इन्हें नज़रबन्द कर दिया गया, जहाँ वर्किंग कमेटी के सभी सदस्य नज़र-बन्द किए गए थे।

सरदार पटेल ने 'अंगेजो, भारत छोड़ो' विषय पर जो भाषण दिया था, उसका मुख्यांश इस प्रकार था–

"1919 में रौलेट एक्ट के विरोध से लेकर आज तक जितने कार्यक्रम बनाए गए हैं, उन सबका इसमें समावेश करना है। कर-बन्दी की लड़ाई, सविनय काननू-भंग और ऐसी ही दूसरी लड़ाइयाँ जो सीधे रूप में सरकारी शासन को रोक देने वाली होंगी, कांग्रेस अपना लेगी। रेलवे वाले रेल बन्द करके, तार वाले तार विभाग बन्द करके, डाक वाले डाकखाना छोड़कर, सरकारी नौकर नौकरियाँ छोड़कर, शिक्षक और विद्यार्थी स्कूल-कॉलेज बन्द करके सरकार के तमाम यंत्रों को रोक देंगे। यह लड़ाई इस किस्म की होने वाली है। इसमें आप सब भाई-बहन साथ देना। इस लड़ाई में आपका सच्चे दिल से साथ होगा, तो वह थोड़े ही दिन में खत्म हो जाएगी और अंग्रेजों को यहाँ से जाना पड़ेगा, काम करने वालों को सरकार पकड़ ले जाए तो भी प्रत्येक भारतवासी कांग्रेसी बनकर अपना फर्ज अदा करें और पुकार होते ही लड़ने को तैयार हो जाएँ। ऐसा हुआ तो स्वतंत्रता भारत का द्वार खटखटाती हुई आ खड़ी होगी।...."

सरदार पटेल अत्यन्त दूरदर्शी राजनीतिज्ञ थे। उन्होंने 1942 के स्वाधीनता युद्ध की विजय निश्चित रूप से अपनी पैनी दृष्टि द्वारा पहले ही देख ली थी। तभी तो उन्होंने बड़े विश्वास से अपने भाषण में कहा था–

"1942 का स्वाधीनता युद्ध अधिक दिनों तक नहीं चलेगा। कुछ समय में ही अंग्रेज़ घुटने टेक देंगे।"

18 नवम्बर को सरदार पटेल 'भारत रक्षा कानून' के मातहत गिरफ्तार

कर लिए गए। उन पर अभियोग यह लगाया गया कि उन्होंने उस सत्याग्रह आन्दोलन में भाग लिया जिसे गाँधी जी ने ब्रिटिश सरकार को भारत की आजादी को स्वीकार करने पर मज़बूर करने के लिए चलाया था। गिरफ्तार करके सरदार को पहले तो साबरमती जेल में रखा गया और बाद में उन्हें यरवदा में तब्दील कर दिया गया।

20 अगस्त, 1941 को वे नज़रबंदी से रिहा किए गए। अहमदाबाद में साम्प्रदायिक दंगों से वह बहुत मर्माहत थे। अंग्रेजों के प्रति उनका क्या रुख था, इसका पत्र उस पत्र से लगता है जिसे उन्होंने महादेव भाई के नाम (11-5-41) को लिखा था, "...दूध के जमीन पर गिर जाने पर रोकने से क्या लाभ? इसलिए भविष्य का विचार करके इसका उपाय करना चाहिए। आगे कठिन समय आ रहा है। जिसके साथ हम लड़ने निकले हैं उसी से (अर्थात् सरकार से) सहायता की आशा रखना निरी मूर्खता होगी।"

वल्लभभाई की सेहत निरन्तर बिगड़ती जा रही थी। उनके शरीर में अंतड़ियाँ इकट्ठी होकर ऊपर चढ़ जाती थीं। डॉक्टरों ने इसके लिए उन्हें ऑपरेशन कराने का मशविरा दिया। सरकार ने उन्हें 20 अगस्त को जेल से रिहा कर दिया। उनका इलाज कराया। फिर भी उन्होंने भागा दौड़ी नहीं छोड़ी।

1945 में सरदार पटेल यरवदा जेल में भेज दिए गए। वहाँ दुबारा आंत्ररोग होने पर, 15 जून को रिहा कर दिए गए। वायसराय लार्ड वेवल तथा भारतीय नेताओं में हुए राजनैतिक वार्तालाप में वे सम्मिलित हुए। सरदार पटेल को केन्द्रीय तथा प्रान्तीय चुनावों की सम्पूर्ण जिम्मेदारी सौंप दी गई।

दिसम्बर में, जी॰ वी॰ मावलंकर को केन्द्रीय असेम्बली के अध्यक्ष पद पर प्रतिष्ठित कराने में सरदार की सफलता की सराहना की गई।

1946 में सरदार ने कांग्रेसी मंत्रियों का आह्वान किया कि वे अस्पृश्यता को नष्ट करने के लिए ठोस काम करें। जब डॉ॰ बी॰ आर॰ अम्बेडकर ने कहा कि हरिजनों को सामूहिक रूप में—दूसरे मजहबों को अख्तियार कर लेना चाहिए, तो सरदार पटेल ने इस सुझाव का घोर विरोध किया।

इन्हीं दिनों रायल इंडियन नेवी के भारतीय जहाजियों ने विद्रोह कर दिया। फरवरी में सरदार पटेल ने उनके सामने भाषण देकर वह विद्रोह शान्त करा दिया। उस भाषण में सरदार ने कहा था—''कुछ ही महीनों में भारत की स्वतंत्रता का सूर्योदय होने वाला है।''

सरदार पटेल ने सरकार को 'स्टर्लिंग बैलेंस' को समाप्त करने से रोक दिया।

सरदार ने जिन्ना के दो राष्ट्रों के सिद्धान्त का विरोध किया। उन्होंने ब्रिटिश सरकार से कहा—''सत्ता चाहे कांग्रेस और चाहे मुस्लिम लीग को दे जाओ, पर तुम चले जाओ।''

आजाद हिन्द फौज के अफसरों पर सरकार द्वारा चलाए गए मुकदमे का विरोध किया।

इन्हीं दिनों सरदार ने भारतीय रियासतों से कहा कि वे अपनी विधान सभाओं को पूर्ण स्वतंत्रता दें तथा भारत की संविधान निर्मात्री परिषद् के सदस्यों का चुनाव करने का उन्हें पूर्ण अधिकार है। सिख संविधान निर्मात्री सभा का बहिष्कार करने लगे थे, सरदार पटेल की अपील पर उन्होंने निर्णय में परिवर्तन कर दिया।

3 सितम्बर को सरदार पटेल वायसराय की कार्यकारिणी समिति में गृह सदस्य के रूप में सम्मिलित हुए। केन्द्रीय विधानसभा में उन्होंने घोषणा कर दी कि विदेशियों की नियुक्तियाँ केवल अत्यधिक आवश्यक होने पर ही की जाएँगी।

इसी साल सरदार ने सिद्धान्त रूप में यह स्वीकार किया कि सरकार का उद्योगों पर नियन्त्रण रखने का अधिकार है।

जिन्ना ने 'आबादी तबादिला' का सुझाव दिया, जिसे सरदार पटेल ने अस्वीकार कर दिया।

सरदार पटेल ने 1947 में ब्रिटिश सरकार के प्रतिनिधियों के साथ 'सत्ता हस्तांतरण' के विषय पर वार्ता की।

इन्हीं दिनों सरदार ने आकाशवाणी की नीति में आमूल परिवर्तन कर

दिया। जिन्ना से अपील की कि देश के टुकड़े न करें, जिसका जिन्ना पर कुछ प्रभाव न हुआ।

धौलपुर, नाभा, नवाँनगर के शासकों ने सरदार से कहा कि वे कांस्टीच्युएंट असेम्बली में भाग लेंगे।

जिन्ना ने पश्चिमी पाकिस्तान से पूर्वी पाकिस्तान तक एक गलियारे की माँग की। सरदार ने इस माँग का डटकर विरोध किया और यह माँग रद्द हो गई।

भारतीय रियासतों का एक पृथक् विभाग बनाकर उसका उत्तरदायित्व सरदार पटेल को सौंपा गया। सरदार पटेल ने भारतीय नरेशों से भारत के भाग्य निर्माण में अपना योगदान देने के लिए कहा। धौलपुर, नाभा और नवाँनगर के नरेशों ने संविधान निर्मात्री सभा में सम्मिलित होना स्वीकार किया। सरदार ने राजाओं तथा नवाबों को उनकी रियासतों के आन्तरिक मामलों में उन्हें 'आन्तरिक स्वतंत्रता' देने का आश्वासन दिया।

पटेल समिति की अल्पसंख्यक सम्बन्धी रिपोर्ट संविधान सभा के सम्मुख प्रस्तुत की गई। इस प्रतिवेदन में संयुक्त चुनाव की सिफारिश की गई, परन्तु केन्द्र में तथा राज्यों के मंत्रिमंडलों में उनके लिए स्थान सुरक्षित रखने की सिफारिश की गई तथा अल्पसंख्यकों के कुछ विशिष्ट अधिकारों के संरक्षण के लिए कहा गया।

सरदार पटेल ने भारतीय सेना की एक ब्रिगेड काठियावाड़ में रखे जाने पर ज़ोर दिया, ताकि भारत संघ में सम्मिलित होने वाली रियासतों में जूनागढ़ के नवाब द्वारा किसी प्रकार की शरारत की आशंका न रहे।

सरदार ने जूनागढ़ के नवाब के विरुद्ध पुलिस एक्शन के लिए ज़ोर दिया और उन्होंने माउंटबेटन की बात अस्वीकार करके भारतीय सेना को जूनागढ़ भेजने के लिए सहमत कर लिया।

सरदार पटेल ने उन मुसलमानों के संरक्षण की प्रतिज्ञा की जो भारत छोड़कर नहीं जाएँगे। सरदार ने यह भी कहा कि बलात् धर्म परिवर्तन तथा बलात् किए गए विवाह नहीं स्वीकार किए जाएँगे।

सरदार ने घोषणा की कि हिन्दुस्तान विभाजन के बारे में, भारत तथा

पाकिस्तान के मध्य तमाम मुख्य मुद्दों पर सहमति हो गई है। इसमें सशस्त्र सेनाओं के बँटवारे का निर्णय भी शामिल है।

सरदार ने कहा कि कश्मीर का मामला भारत-पाक विभाजन समिति के सिपुर्द नहीं किया गया है। सरदार ने संविधान सभा में घोषणा की कि भारत तथा पाकिस्तान में आर्थिक निबटारा हो गया है, जिसके अन्तर्गत भारत 750 मिलियन रुपये पाकिस्तान को 'सद्भावना के प्रतीक' के रूप में देगा।

सरदार ने कटक में, उड़ीसा की रियासतों के नरेशों के समक्ष भाषण दिया। उन नरेशों ने अपनी रियासतों को उड़ीसा प्रान्त में विलीन करने का निर्णय किया।

इन्हीं दिनों जम्मू में, एक सार्वजनिक सभा में पटेल ने घोषणा की– "कश्मीर की रक्षा के लिए जो कुछ भी सम्भव होगा, किया जाएगा और यह आश्वासन भारत सरकार की ओर से मैं दे रहा हूँ।" यहाँ सरदार ने शेख अब्दुल्ला की प्रशंसा की कि इन्होंने जम्मू-कश्मीर को भारत का अंग बनाने के लिए सच्चाई से प्रयत्न किया।

1948 में सरदार पटेल ने पश्चिमी बंगाल के मजदूर नेताओं से अपील की कि वे लोकप्रिय स्वतंत्र सरकार का समर्थन करें।

सरदार पटेल ने पाकिस्तान को चेतावनी दी कि यदि वह हिन्दुस्तान का और भी एक बार बँटवारा करना चाहता है, तो इसका निबटारा हमें 'युद्ध भूमि में करना होगा।' सरदार पटेल ने भारतवासी मुसलमानों से पूछा–

"हाल ही में जो अखिल भारतीय मुस्लिम सम्मेलन हुआ, उसमें आपने कश्मीर के बारे में अपना मुँह क्यों नहीं खोला? आपने पाकिस्तान की हमलावर कार्रवाई की निन्दा क्यों नहीं की? ये बातें जनता के मन में सन्देह पैदा करती हैं।"

एक घोषणा में सरदार पटेल ने कहा–"जब तक कश्मीर का मामला नहीं सुलझ जाता तब तक भारत और पाकिस्तान के बीच हुए आर्थिक निर्णय को क्रियान्वित नहीं किया जा सकता।···किसी भ्रम में नहीं रहना चाहिए– कश्मीर भारत का अंग है।"

पटना में सरदार ने घोषणा कर दी कि बिना क्षतिपूर्ति दिए ज़मींदारी नष्ट करना डाके से कम नहीं है।

सरदार ने हैदराबाद के निज़ाम से अपील की कि वह अपने यहाँ की जनता की इच्छा का सम्मान करते हुए भारत संघ में शामिल हो जाएँ।

राजस्थान संघ का उद्घाटन करते हुए सरदार ने कहा कि छोटी-छोटी रियासतें यदि अपने यहाँ अराजकता रोकना चाहती हैं तो उनके लिए राजस्थान संघ में सम्मिलित होने के सिवा अन्य कोई उपाय नहीं है।

विन्ध्य प्रदेश के निर्माण के अवसर पर सरदार ने कहा–

"रियासतों का एकीकरण तथा प्रजातंत्रीकरण उद्देश्यहीन होगा, यदि जनता की दशा में सुधार न हो।"

इन्हीं दिनों सरदार पटेल ने ब्रिटिश राजनीतिज्ञों तथा समाचार-पत्रों को चेतावनी दी कि भारत के विरुद्ध प्रचार करना बन्द करें। सरदार ने भारत के विभाजन का तथा उसके कारण होने वाली लूट-बलात्कार-हत्याकांड का सारा दोष चर्चिल के मत्थे मढ़ा।

सरदार ने हैदराबाद के बारे में किसी से भी समझौता करने से इनकार कर दिया। उन्होंने कहा कि भारत की दो माँगें हैं–एक तो हैदराबाद राज्य भारत संघ में शामिल हो, दूसरे, अपने यहाँ उत्तरदायी शासन की स्थापना करे।

सरदार ने एक भाषण में कहा कि स्वतंत्र भारत में यह नहीं हो सकता कि कोई व्यक्ति भारत के साथ वफादार होने के साथ-साथ किसी अन्य देश का भी वफादार हो।

इसी समय सरदार पटेल ने भारत की संसद को सूचना दी कि हैदराबाद रियासत ने यथापूर्व समझौते का उल्लंघन किया है, अतः उसके विरुद्ध उचित कार्रवाई की जाएगी।

जब भारतीय सशस्त्र सेनाओं ने सराहनीय रूप में, हैदराबाद में कार्रवाई की और अल्प काल में ही विजय प्राप्त करके हैदराबाद राज्य पर अधिकार कर लिया, तो सरदार पटेल ने भारतीय सशस्त्र सेनाओं की वीरता तथा कार्यकुशलता की सराहना की।

जब कश्मीर का मामला संयुक्त राष्ट्र संघ में विचारार्थ पेश हो गया और संयुक्त राष्ट्र संघ कोई निर्णय न करके बगलें झाँकने लगा, तो सरदार ने इसके लिए संयुक्त राष्ट्र संघ को दोषी ठहराया और कहा—''हमने संयुक्त राष्ट्र संघ के युद्ध-विराम सम्बन्धी प्रस्ताव को स्वीकार कर लिया, परन्तु दूसरे पक्ष (पाकिस्तान) ने इसे स्वीकार नहीं किया। यदि हम अपने वादे से बँधे हुए न होते, तो हम सम्पूर्ण कश्मीर को अपने ही बलबूते पर हमलावरों से खाली करा लेते।''

पाकिस्तान द्वारा भारत के विरुद्ध किए जाने वाले प्रोप्रेगेन्डा की ओर संकेत करते हुए सरदार पटेल ने कहा—''हमें आश्चर्य है, क्या वे सचमुच हमसे डरते हैं? या यह नारा वे अपनी एकता को कायम रखने के लिए लगा रहे हैं?''

❐

14. क्रान्तदर्शी राजनीतिज्ञ

सरदार पटेल कितने क्रान्तदर्शी राजनीतिज्ञ थे, यह उनके निम्नलिखित भाषण से हम जान सकते हैं।

1948 में सरदार पटेल ने एक भाषण में कहा था–"हम पाकिस्तान से केवल इतना ही चाहते हैं कि वह हमारे मामलों में हस्तक्षेप न करे। तुम्हें पाकिस्तान मिल गया, उसे बहिश्त बनाओ या दोज़ख़, यह तुम्हारा अधिकार है। पाकिस्तान वाले कहते हैं कि उसके शत्रु उसे नष्ट करना चाहते हैं, पर मैं कहता हूँ कि यह उनके नाश का कारण बाहर से नहीं बल्कि भीतर से ही उपस्थित होगा।"

सन् 1971 के दिसम्बर मास में सरदार पटेल की वह भविष्यवाणी सर्वथा सत्य सिद्ध हुई, जब पाकिस्तान के पूर्वी भाग ने विद्रोह कर दिया और इस प्रकार पाकिस्तान का एक बहुत बड़ा भाग उससे सर्वथा अलग होकर स्वतंत्र बंगलादेश के रूप में, विश्व के राजनीतिक मानचित्र पर प्रकट हो गया।

मध्य भारत की रियासतों की सलाहकार समिति का उद्‍घाटन करते हुए सरदार ने कहा–"पंडित नेहरू आज साठ वर्ष के हो गए। पंडित नेहरू ने संकटों के समय देश का नेतृत्व करके इसे हर बार उबारा है तथा अपने महान् नेतृत्व द्वारा भारत के सम्मान को बढ़ाया है। हमारी आकांक्षा है कि हमारे नेता नेहरू वर्षों तक हमारे देश की राजनीति के कर्णधार रहें।"

1949 में सरदार ने राजपूताना की पाँच रियासतों के विलयीकरण

की घोषणा की, जिनके नाम थे—बीकानेर, जयपुर, जैसलमेर, जोधपुर तथा उदयपुर। इन्हें मिलाकर राजस्थान संघ बनाया गया है। सरदार ने इस पर प्रसन्नता प्रकट करते हुए कहा कि यह अत्यन्त महत्त्वपूर्ण घटना है।

सरदार ने बड़ौदा के महाराजा को सलाह दी कि वह अपनी रियासत को बम्बई प्रान्त में विलीन कर दें।

भोपाल के नवाब ने कहा कि ब्रिटिश सरकार के भारत से चले जाने पर प्रभुसत्ता समाप्त हो गई है अर्थात् अब सभी रियासतें स्वतंत्र हैं, जिधर चाहें जाएँ या बिल्कुल स्वतंत्र रहें। सरदार पटेल ने गर्जना करते हुए कहा कि भारत एक देश है और देश के भीतर देश सहन नहीं किया जा सकता।

कम्युनिस्ट स्वतंत्र भारत की सरकार का पग-पग पर विरोध कर रहे थे। सरदार पटेल ने उन्हें ललकारा और चेतावनी देते हुए कहा—"यदि कम्युनिस्ट सरकार का विरोध करते रहेंगे और खतरा पैदा करने की कोशिश करेंगे, तो उन्हें कठोर हाथों के साथ (कड़ाई से) दबा दिया जाएगा।"

इन्हीं दिनों कई क्षेत्रों में भाषावार प्रान्तों की रचना की माँग उठने लगी। सरदार ने इसका कड़ा विरोध किया और कहा कि प्रदेशों का नया सीमांकन होने से पूर्व सम्पूर्ण देश का एकीकरण और संगठन अत्यन्त आवश्यक है।

सरदार ने अपने एक भाषण में राष्ट्रीय स्वयंसेवक संघ के सदस्यों से अपील की कि वे कांग्रेस में शामिल हो जाएँ।

सरदार पटेल ने दक्षिण भारतीयों को परामर्श दिया कि वे भारत की राष्ट्रभाषा हिन्दी को जल्दी से जल्दी सीख लें।

सरदार ने जूनागढ़ में स्थित सोमनाथ मन्दिर के निर्माण के लिए धनराशि की अपील की।

हैदराबाद में जाकर सरदार पटेल ने घोषणा की कि यहाँ उत्तरदायी शासन की स्थापना तब की जाएगी, जब सामान्य (शान्त) वातावरण का निर्माण हो जाएगा।

अमृतसर में सरदार पटेल ने भाषण करते हुए मास्टर तारासिंह को चेतावनी दी और कहा कि वे सिक्खों को भारत से अलग करने का प्रचार

करते हुए, 'आत्महत्या की नीति' पर चल रहे हैं।

सरदार ने राष्ट्रीय स्वयंसेवक संघ को परामर्श दिया कि वह अपनी कार्यवाहियों को हिन्दू जाति के पुनरुत्थान तक सीमित रखे तथा सांवैधानिक रूप में रचनात्मक काम करने का बीड़ा उठाए।

जयपुर को राजस्थान प्रदेश की राजधानी बनाकर सरदार ने उसका उद्‌घाटन किया।

इन्हीं दिनों भोपाल के नवाब ने अपनी रियासत केन्द्रीय सरकार के हाथों में सौंपने का निर्णय किया। सरदार पटेल ने उसे बधाई दी तथा उसकी समझदारी और त्याग-भावना की सराहना की। सरदार ने घोषणा की कि भोपाल में जो नया प्रशासन होगा उसका प्रथम कर्तव्य होगा कि वह इसके मुसिलम निवासियों तथा उनके हितों की रक्षा करे।

इन्दौर की एक जनसभा में सरदार पटेल ने नये राज्य संघों के कांग्रेसी राजनीतिज्ञों को चेतावनी दी कि "यदि तुमने आपस की खींचातानी न छोड़ी, तो मैं प्रदेशों (राज्यों) के मंत्रिमंडलों को भंग कर दूँगा और प्रदेशों के प्रशासन का भार केन्द्रीय सरकार स्वयं सँभाल लेगी।"

ऑल इंडिया डिप्रेस्ड क्लासेज़ लीग्ज़ कन्फेडरेशन को बताया—"भारत की स्वतंत्रता तब तक पूर्ण नहीं होगी जब तक प्रत्येक हरिजन अपनी माँग की वास्तविक पूर्ति नहीं प्राप्त कर लेता और जब तक उसे समानता का दर्जा नहीं मिल जाता।"

अल्पसंख्यक सलाहकार समिति की रिपोर्ट को संविधान सभा में विचारार्थ पेश करते हुए सरदार ने कहा था—"अल्पसंख्यकों की दी जाने वाली रियासतें, यद्यपि अपने-आप में कोई अच्छी बात नहीं है, पूरी तरह अस्थायी मानी जाएँगी। अल्पसंख्यकों को अपनी इच्छा से इन नौकरियों तथा विधानसभाओं आदि में सुरक्षित स्थानों तथा सुविधाओं को समाप्त करने की बात स्वीकार कर लेनी चाहिए।"

नरेशों ने अपनी रियासतें स्वेच्छा से भारत संघ में विलीन कर दीं, अतः उन्हें इसके बदले में 'प्रिवीपर्स' दिए जाने की माँग सरदार पटेल ने स्वीकार कर ली।

इन्हीं दिनों वामपंथी दलों ने हिंसा का आश्रय लेकर कई स्थानों पर गड़बड़ मचाने की तैयारी की। तब इस षड्यंत्र को दबाने के लिए सरकार को नज़रबन्दी के उपाय का आश्रय लेना पड़ा और सरदार ने संसद में इस निर्णय का समर्थन करते हुए कहा कि आतंकवाद तथा हिंसा को रोकने के लिए यह आवश्यक हो गया था।

जब पूर्वी पाकिस्तान (अब बंगलादेश) में हिन्दुओं पर घोर अत्याचार किए गए। मारकाट, लूटपाट और बलात्कार की अनगिनत घटनाएँ होने लगीं और हिन्दू पूर्वी बंगाल से भागकर पश्चिमी बंगाल में आने लगे। इनकी संख्या लाखों तक पहुँच गई। इस नई भीषण शरणार्थी समस्या को देखकर सरदार ने अपने एक भाषण में पाकिस्तान को चेतावनी दी–"यदि इसी तरह पूर्वी बंगाल से हिन्दुओं का निकाला जाना ज़ारी रहा, तो इन्हें बसाने के लिए पाकिस्तान को ज़मीन भी देनी पड़ेगी।" सरदार पटेल की इस ललकार-भरी चेतावनी को सुनकर, पाकिस्तान के प्रधानमंत्री लियाकत अली खाँ का हृदय काँप उठा। वह पं. नेहरू से वार्तालाप करने में आनाकानी कर रहे थे, परन्तु सरदार पटेल की इस बात को सुनकर तुरन्त वार्तालाप करने के लिए राजी हो गए।

सरदार पटेल ने दिल्ली के प्रशासन की विस्तृत रूपरेखा तैयार की, जिसमें प्रशासन को प्रजातंत्री स्वरूप प्रदान किया तथा दिल्ली की पृथक् असेंबली बनाई गई।

कलकत्ता की एक जन-सभा में भाषण करते हुए सरदार पटेल ने कहा कि जनता को चाहिए कि नेहरू-लियाकत पैक्ट को क्रियान्वित होने का उचित अवसर प्रदान करे, ताकि भारत तथा पाकिस्तान की 'अल्पसंख्यकों की समस्या' का अमली हल हो सके।

इन्दौर की एक जन-सभा में भाषण करते हुए सरदार पटेल ने कहा कि कांग्रेस पूरी तरह पं. नेहरू के पीछे है।

इन्हीं दिनों गुजरात विद्यापीठ में भाषण देते हुए सरदार ने कहा कि भारत की शिक्षा-पद्धति में क्रान्तिकारी परिवर्तन किया जाना नितान्त आवश्यक है।

सरदार ने अहमदाबाद में नवजीवन ट्रस्ट के भवन का उद्घाटन किया।

गुजरात प्रदेश की ओर से सरदार पटेल को उनके पचहत्तरवें जन्मदिवस के उपलक्ष्य में 15 लाख रुपये की एक थैली भेंट की गई, जिसे सरदार ने तुरन्त ही गुजरात प्रदेश कांग्रेस के अध्यक्ष के हाथों में सौंप दिया और कहा कि इसका उपयोग संस्था के जनकल्याण कार्यों के लिए किया जाए।

इन्हीं दिनों कम्युनिस्टों ने शोर मचाया कि अमरीका से भारत जो सहायता ले रहा है, इसका अर्थ यह है कि भारत उस शक्ति गुट में शामिल हो गया है।

सरदार पटेल ने युक्ति-युक्त तथा जोरदार ढंग से सहायता-प्राप्ति के कार्य को उचित बताया तथा कहा कि आर्थिक सहायता बिना किसी शर्त के ही स्वीकार की गई है तथा इसका यह अर्थ कदापि नहीं कि भारत अमेरिका के शक्ति-गुट में शामिल हो गया है।

इन्हीं दिनों सरदार ने कहा कि राष्ट्रों के सम्मान तथा स्वतन्त्रता की रक्षा के लिए संयुक्त राष्ट्र संघ को बहुत ही मजबूत बनाया जाना चाहिए।

इन्हीं दिनों चीन ने सेनाएँ भेजकर तिब्बत के साथ निंदनीय कार्य किया। सरदार ने चीन के इस हस्तक्षेप को अनुचित बताया और कहा कि 'तिब्बतवासियों' पर ज़ोर-जबरदस्ती निंदनीय है।

❐

15. लौहपुरुष का लोहा

श्री हरिसिंह आर्य ने अपनी 'भारतीय इतिहास की सच्चाई' में लिखा है–

"सन् 1947 में अंग्रेजी सरकार ने कांग्रेसी नेताओं की मंजूरी से भारतवर्ष के दो टुकड़े, अर्थात् खंडित स्वतंत्र भारत और इसलामी देश पाकिस्तान बना दिया था और खंडित स्वतंत्र भारत को अंग्रेज लगभग छह सौ रियासतों रूपी टुकड़ों में बँटा ही छोड़ गए थे।

स्वतंत्र भारत के सबसे पहले प्रधानमंत्री पं. जवाहरलाल नेहरू बने, और लौहपुरुष सरदार वल्लभभाई पटेल को उप-प्रधानमंत्री बनाया गया।

हालाँकि पटेल नेहरू से बहुत ही ज्यादा सफल राजनीतिज्ञ एवं कूटनीतिज्ञ थे तथा बहुत ही बुद्धिमान, निडर, दिलेर एवं ऊँचे मनोबल वाले व्यक्ति थे। इन्हीं गुणों के कारण वे भारतीय इतिहास में लौहपुरुष के नाम से प्रसिद्ध हुए [तथापि गाँधी जी ने जवाहरलाल नेहरू को प्रधानमंत्री के पद पर प्रतिष्ठित किया]।

यदि लौहपुरुष सरदार वल्लभभाई पटेल कहीं खंडित भारत के सबसे पहले प्रधानमंत्री होते तो शर्तिया जम्मू-कश्मीर की समस्या सन् 1947 में ही पूर्ण रूप से हमेशा के लिए समाप्त हो जाती, और जम्मू-कश्मीर रियासत दूसरी रियासतों की ही तरह से पूरी की पूरी–पूर्ण रूप से हमेशा के लिए भारत गणराज्य में शामिल हो जाती। शेख अब्दुल्ला, फारूक, अफजल बेग इत्यादि बगावत करने के लिए इतने उतारू न होते।

यदि लौहपुरुष सरदार पटेल कुछ दिन और जीवित रहते अर्थात् भारत स्वतंत्र होने के शीघ्र बाद ही स्वर्ग न सिधारते तो शर्तिया नये प्रान्तों की स्थापना हरगिज नहीं होती और राजभाषा हिन्दी के सन् 1965 में सारे देश में

लागू होने में भी शर्तिया कोई झगड़ा न होता।

और यदि नगा लोग बगावत का झंडा बुलन्द करते, तो पहले साहेब बागी निजाम उस्मान अली हैदराबाद की ही तरह 24 घंटों में कमर तोड़ शिकस्त देकर सभी बागी नगा लोगों को बन्दी बना लेते। बागी नेता नगा फिजो को गिरफ्तार करके उमरकैद की सजा देते।

और यह हक़ीकत है कि यदि लौहपुरुष सरदार वल्लभभाई पटेल सन् 1962 के अन्त तक भी जिन्दा रहते, तो चीन को हमारे देश पर हमला करने की जुर्रत ही नहीं होती, और अगर चीन ने हमला कर भी दिया होता, (जैसे कि 20 अक्तूबर सन् 1962 को उसने हमारे देश पर हमला कर दिया था) तो उसकी (चीन की) ईंट से ईंट बजा दी जाती। और सम्भवतः चीन को तिब्बत से भी हाथ धोने पड़ जाते, अर्थात् पटेल साहेब तिब्बत को भी चीन के खूनी पंजे से आजाद करा देते।

स्वतंत्र भारत की सुदृढ़ नींव केवल लौहपुरुष सरदार वल्लभभाई पटेल ने रखी।

स्वतंत्र भारत की लगभग छह सौ रियासतों को पूर्ण रूप से भारत गणराज्य में शामिल किए बिना स्वतंत्र भारत की सुदृढ़ नींव रखी ही नहीं जा सकती थी।

अर्थात् स्वतंत्र भारत की सुदृढ़ नींव रखने के लिए छह सौ स्वतंत्र रियासतों को पूर्ण रूप से भारत गणराज्य में मिलाना अत्यन्त ज़रूरी और सबसे पहला मुख्य काम था।

अतः उपप्रधानमंत्री लौहपुरुष सरदार वल्लभभाई पटेल ने छह सौ रियासतों के स्वतंत्र राजाओं और नवाबों को प्यार से, दिलासे से और भय दिखाकर समझाया, अर्थात् साम-दाम-दण्ड-भेद की नीति से काम लिया।

पटेल की बात में बहुत ही वजन था—असर था—रोब था और उनकी बातें कानूनी दलीलों से परिपूर्ण थीं।

अतः लौहपुरुष पटेल की महान कूट राजनीतिज्ञ चालें पूर्णतया सफल रहीं और निजाम उस्मान अली हैदराबाद व जम्मू-कश्मीर व नवाबी जूनागढ़ को छोड़कर बाकी के सभी राजों-महाराजों व नवाबों ने अपनी-अपनी रियासतों

को हमेशा के लिए पूर्ण रूप से भारत गणराज्य में मिला दिया। इस प्रकार लौहपुरुष ने ही भारत की सुदृढ़ नींव रखी थी।

निजाम उस्मान अली हैदराबाद की बगावत

अंग्रेजी सरकार ने सन् 1947 में स्वतंत्र भारत की सभी रियासतों को यह छूट दे दी थी कि चाहें तो वे भारत में शामिल हो जाएँ या पाकिस्तान में शामिल हो जाएँ और वे चाहें तो स्वतंत्र रहें। इसलिए अंग्रेजों को पूरा भरोसा था कि खंडित भारत की छह सौ रियासतें बगैर युद्ध किए भारत गणराज्य में कभी भी मिल ही नहीं सकती हैं। राजों-महाराजों और नवाबों का खंडित भारत सरकार से घोर युद्ध होगा, और हम (अंग्रेज) फिर से भारतीयों की आपस की फूट का फायदा उठाकर उनके देश पर कब्जा कर लेंगे।

परन्तु भारत माँ के महान् वीर सपूत लौहपुरुष बीसवीं सदी के चाणक्य सरदार वल्लभभाई पटेल (उपप्रधानमंत्री) ने अंग्रेजों की नापाक आशाओं पर पानी फेर दिया था। अंग्रेजों के नापाक-मनसूबों, मक्कार चालों को खाक में मिला दिया था। भारत की लगभग सभी रियासतों को खून का एक भी कतरा बिना बहाए भारत गणराज्य में पूर्ण रूप से शामिल कर लिया था।

अतः भारत की अर्थात् लौहपुरुष पटेल की इस महान् सफलता को देखकर अंग्रेजों और पाकिस्तान के हाथों के तोते उड़ गए, उनकी पाँव तले की ज़मीन खिसक गई। इसलिए तब उन्होंने निजाम उस्मान अली हैदराबाद और नवाब जूनागढ़ को बगावत के लिए राय दी और हथियारों की पूरी-पूरी इमदाद भी दी।

पटेल की चेतावनी

लौहपुरुष पटेल ने बागी निजाम हैदराबाद और बागी नवाब जूनागढ़ को चेतावनी दी कि खंडित भारत के खिलाफ बगावत करके क्यों अपनी रियासतों की बेगुनाह गरीब जनता का नाहक में खून बहाना चाहते हो? चुपचाप खंडित भारत गणराज्य में शामिल हो जाओ, वरना याद रखो, ईंट का जवाब पत्थर से दिया जाएगा। बागियों के सिर कलम कर दिए जाएँगे, जो

भी बागी खंडित भारत के खिलाफ जबान चलाएगा, उसकी जबान खींच ली जाएगी, जो भी बागी हथियार उठाएगा उसका कत्ल कर दिया जाएगा।

नवाब जूनागढ़ फरार

अतः नवाब जूनागढ़ तो लौहपुरुष उपप्रधानमंत्री पटेल की चेतावनी की ताव न लाकर चोर-डाकुओं की तरह अपना बहुमूल्य खजाना चोरीछिपे हवाई जहाजों में भरकर और अपने वफादार नौकरों को यहीं छोड़, अपने पालतू कुत्तों के साथ हवाई जहाज द्वारा फरार होकर कराची अर्थात् पाकिस्तान पहुँच गया।

नवाब जूनागढ़ अपने वफादार नौकरों और अपनी प्रजा के मुकाबले अपने पालतू कुत्तों की बहुत ज्यादा कद्र करता था। ऐसा चरित्र था भारत के नवाबों का! नवाब जूनागढ़ के फरार हो जाने के बाद उसकी रियासत को पूर्ण रूप से भारत में शामिल कर लिया गया।

पाकिस्तान का जम्मू-कश्मीर पर हमला और निजाम उस्मान अली हैदराबाद की बगावत

24 अक्तूबर, 1947 को पाकिस्तान ने अंग्रेजों व अमरीका की शह, बल्कि अंग्रेजों और अमरीका द्वारा पहले से ही बनाए गए कार्यक्रम के अनुसार रियासत जम्मू-कश्मीर पर अचानक हमला कर दिया।

कुछ पाकिस्तानियों ने आर्य जाति के लोगों और इसलाम मत के अनुयायियों का कत्लेआम शुरू कर दिया, औरतों की इज्जत-आबरू लूटने लगे और धन-दौलत की लूट का बाजार भी गर्म कर दिया। रियासत जम्मू-कश्मीर के महाराजा हरिसिंह डोगरा की फौज को पाकिस्तान के अचानक हमले की ताव न ला सकी, और महाराजा हरिसिंह डोगरा जम्मू-कश्मीर ने 20 अक्तूबर, सन् 1947 को ही अपनी रियासत को कानूनी व आपसी तौर पर पूर्ण रूप से हमेशा के लिए खंडित भारत गणराज्य में शामिल करने का घोषणा-पत्र पं. जवाहरलाल नेहरू को भेज दिया।

परन्तु नेहरू ने महाराजा जम्मू-कश्मीर के घोषणा-पत्र को पूर्ण रूप से ज्यों का त्यों मंजूर नहीं किया, बल्कि इस शर्त के साथ मंजूर किया कि हम

रियासत जम्मू-कश्मीर से पाकिस्तानी हमलावरों को पूर्ण रूप से मार भगा कर वहाँ की जनता की मत गणना कराएँगे अर्थात् वहाँ की जनता का मत जानेंगे कि क्या वहाँ की जनता अपनी रियासत को पूर्ण रूप से खंडित भारत गणराज्य में हमेशा के लिए शामिल करना चाहती है या नहीं। प्रधानमंत्री पं. जवाहरलाल नेहरू ने यह मंजूरी भी दो दिन बाद 26 अक्तूबर सन् 1947 को दी।

अतः 26 अक्तूबर सन् 1947 को भारतीय फौज के कुछ जवान बड़ी ही गम्भीर हालत में हवाई जहाज द्वारा श्रीनगर, कश्मीर के हवाई अड्डे पर उतरे और पाकिस्तानी हमलावरों को मार भगाना शुरू कर दिया, जो कश्मीर हवाई अड्डे से लगभग 5-6 मील ही दूर थे। परन्तु भारतीय फौजी जवानों ने 20 घंटों में ही पाकिस्तानी हमलावरों को कश्मीर घाटी से मार भगाया था, और जम्मू के इलाके में घोर युद्ध चालू था।

निजाम उस्मान अली हैदराबाद ने बगावत का झंडा बुलन्द कर दिया– जब भारतीय सेना जम्मू-कश्मीर में हमलावर पाकिस्तानी सेना से घोर युद्ध कर रही थी, उस नाजुक समय का नाजायज फायदा उठाने के लिए, और इस मौके को गनीमत समझकर निजाम उस्मान अली हैदराबाद और उसके सेनापति काशिम रिजवी ने बगावत का झंडा बुलन्द कर दिया और दिल्ली के लालकिले पर कब्जा करके अपना झंडा लहराने का भी ऐलान कर दिया। अर्थात् निजाम उस्मान अली ने खंडित भारत के खिलाफ ऐलाने-जंग कर दिया। और फिर अपनी रियासत की आर्य जाति पर और रियासत के आसपास के भारतीय इलाकों की जनता पर भी पाशविक अत्याचार और कत्लेआम व लूटमार का बाजार गर्म कर दिया।

उपप्रधानमंत्री पटेल की पुलिस कार्रवाई

निजाम उस्मान अली हैदराबाद द्वारा बगावत का झंडा बुलन्द कर देने, और दिल्ली के लालकिले पर भी कब्जा करने के ऐलान को सुनकर पटेल का खून खौल उठा, भुजाएँ फड़क उठीं और ईंट का जवाब पत्थर से देने का ऐलान किया।

परन्तु लौहपुरुष की घोषणा को सुनकर नेहरू घबराए, क्योंकि दोतरफा जंग से उन्हें अपनी राजगद्दी खतरे में नज़र आने लगी। नेहरू ने पटेल को

समझाया कि हमारी सेना जम्मू-कश्मीर में पाकिस्तानी सेना से भयंकर युद्ध कर रही है, इसलिए हमें दूसरा मोरचा नहीं खोलना चाहिए, अर्थात् निजाम हैदराबाद से लड़ाई नहीं करनी चाहिए। क्योंकि वह एक इसलामी रियासत है। इसलिए खंडित भारत की मुसलिम जनता भड़क उठेगी, बगावत कर देगी। यदि आपने निजाम हैदराबाद पर पुलिस कार्रवाई की तो ग़जब हो जाएगा, इसलिए उससे सुलह कर लो।

उपप्रधानमंत्री पटेल की सिंह गर्जना

लौहपुरुष उपप्रधानमंत्री पटेल अपनी बात के धनी, जबान के सच्चे, कौल के पक्के थे। उन्होंने प्रधानमंत्री पं. नेहरू से कहा कि आप नकारात्मक बातें क्यों कर रहे हैं? यदि इस समय हम बागी निजाम हैदराबाद के सामने झुक गए तो भारत की इज्ज़त-आबरू मिट्टी में मिल जाएगी। बागी निज़ाम के हौसले बुलन्द हो जाएँगे और संसार में उसकी सैनिक शक्ति को चार चाँद लग जाएँगे!

और इस पुलिस कार्रवाई का मैं अकेला जिम्मेवार हूँगा। यदि आप अब भी मेरी बात नहीं मानते हैं, तो मेरा त्यागपत्र स्वीकार करो, मैं ऐसी भयभीत सरकार का उपप्रधानमंत्री एक मिनट भी नहीं रहना चाहता।

अतः प्रधानमंत्री पं. नेहरू लौहपुरुष पटेल की सिंह गर्जना के आगे झुक गए।

बागी निज़ाम हैदराबाद पर पुलिस कार्रवाई

लौहपुरुष उपप्रधानमंत्री पटेल ने नेहरू की मंजूरी के फौरन बाद भारतीय सेना के जनरल चौधरी को रियासत हैदराबाद पर पुलिस कार्रवाई करने का हुक्म दे दिया।

अतः जनरल चौधरी के कुशल नेतृत्व में भारतीय सैनिकों ने बागी निज़ाम हैदराबाद की सेना को केवल 24 घंटे में ही रौंद डाला। निज़ाम के सेनापति कासिम रिजवी को गिरफ्तार कर लिया गया, जिसने दिल्ली के लालकिले पर कब्जा करके निज़ाम उस्मान अली का झंडा लहराने की घोषणा की थी। फिर रियासत हैदराबाद को पूर्ण रूप से भारत में मिलाकर लौहपुरुष उपप्रधानमंत्री पटेल ने भारत की सुदृढ़ नींव रख दी थी।

बागी रियासत हैदराबाद पर फतेह का महत्त्व

भारतीय सेना द्वारा बागी रियासत हैदराबाद को केवल 24 घंटों में पूर्ण रूप से फतेह कर लेने की खबर सुनकर अंग्रेजों और पाकिस्तान को तो शून्यपात मार गया और बाकी संसार हैरान व दंग रह गया।

अतः स्वतंत्र भारत की सेना की इस शानदार विजय के कारण देश की इज्ज़त-आबरू और सैन्य शक्ति को चार चाँद लग गए।

भारतीय दुश्मनों के दिलों पर भारतीय सैनिक शक्ति की धाक जम गई। दुश्मनों के हौसले पस्त हो गए और भारतीय सेना व जनता के हौसले बुलन्द हो गए।

जम्मू-कश्मीर के मोरचे पर लड़ रहे भारतीय सैनिकों के भी हौसले बुलन्द हो गए और फिर वे लोग मैदान पर मैदान, मोरचे पर मोरचा फतह करने लगे और हमलावर पाकिस्तानी सैनिक सिर पर पाँव रख कर भागने लगे। परन्तु नेहरू ने युद्ध-विराम मंजूर कर लिया था, जो आज तक भी कायम है और पाकिस्तान आज तक जम्मू-कश्मीर के 33 हजार वर्ग मील इलाके पर गैर-कानूनी, नाजायज, जबरदस्ती कब्जा जमाए बैठा है। बल्कि जम्मू-कश्मीर को पूर्ण रूप से हड़पने के लिए 5 अगस्त, 1965 को पाकिस्तानी सैनिक घुसपैठियों के रूप में भेजे। और फिर पाकिस्तान ने 1 सितम्बर, सन् 1965 को जम्मू-कश्मीर को पूर्ण रूप से फतह करने के लिए बड़े पैमाने पर भयंकर हमला भी कर दिया था, जिसके जवाब में भारतीय सेना ने पाकिस्तानी हमले का 6 सितम्बर, सन् 1965 को मुँहतोड़ जवाब देकर कारगिल, दर्रा हाजीपीर, टिथवाल और पुंछ के मकबूज इलाकों पर पूर्णरूप से कब्जा कर लिया था। मगर फिर प्रधानमंत्री लालबहादुर शास्त्री ने ताशकन्द समझौते के चक्कर में फँसकर रूस के दबाव कारगिल, दर्रा हाजीपीर, टिथवाल और पुंछ के जीते हुए भारतीय इलाके पाकिस्तान को भेंट रूप में देना स्वीकार कर लिया था। फिर प्रधानमंत्री इंदिरा गाँधी ने ऊपर लिखे इलाके फरवरी 1966 में पाकिस्तान को भेंट रूप में दे दिए थे।

भारतीय रियासतों को भारत संघ में सम्मिलित करना, सरदार वल्लभभाई पटेल के जीवन की सबसे बड़ी घटना थी। भारत को सरदार की यह सबसे

बड़ी देन थी। श्री जवाहरलाल नेहरू ने इस विषय में कहा था–

"इतिहासकार जब पिछली बातों पर दृष्टि डालेंगे तब निःसन्देह वे यह समझेंगे कि रियासतों के विलीनीकरण का कार्य भारत के इतिहास में सबसे महत्त्वपूर्ण कार्य रहा है।"

प्रथम राष्ट्रपति डॉ. राजेन्द्र प्रसाद के सचिव वाल्मीकि चौधरी ने अपनी पुस्तक 'राष्ट्रपति भवन की डायरी' में लिखा है–

26 फरवरी, 1950 ईस्वी

सबेरे सरदार वल्लभभाई की कोठी पर राष्ट्रपति जी 'गाँधी स्मारक निधि' की एक सभा में भाग लेने गए। वह इस सभा में अन्तिम रूप से ही भाग लेने गए थे।…सभा के बाद दोपहर का भोजन राष्ट्रपति जी ने सरदार वल्लभभाई पटेल के साथ उनकी कोठी नं. 1, औरंगज़ेब रोड पर ही किया। सरदार वल्लभभाई के साथ राष्ट्रपति का बहुत प्रेम सम्बन्ध रहा है। सरदार पटेल हास्य-प्रेमी थे। राष्ट्रपति होने के पहले सरदार का एक कटाक्षपूर्ण मज़ाक याद आ रहा है। प्रतिदिन लोदी गार्डन में अपनी लड़की, कुमारी मणि बहन पटेल के साथ घूमा करते थे। कभी-कभी राजेन्द्र बाबू भी वहाँ घूमने पहुँच जाते थे। वहीं कुछ बातें होती थीं। एक दिन सरदार पटेल ने राजेन्द्र बाबू से कहा–"सुना है, तुम्हारे यहाँ रिफ्यूजी आ गए हैं।" राजेन्द्र बाबू समझ गए कि उनके बड़े परिवार को दिल्ली ले आने के प्रति सरदार का कटाक्ष है। राजेन्द्र बाबू ने झट उत्तर दिया–"अधिक तो नहीं, केवल पंद्रह छोटी-छोटी बच्चियाँ हैं।"

15 नवम्बर, 1950 को सरदार पटेल बीमार हो गए। 12 दिसम्बर, 1950 को उन्हें चिकित्सा के लिए बम्बई ले जाया गया। परन्तु चिकित्सा से कुछ लाभ न हो सका और 15 दिसम्बर, 1950 को–शुक्रवार प्रातः समय सरदार पटेल का स्वर्गवास हो गया।

'कीर्तिर्यस्य स जीवति।'

□□